Heibonsha Library

[増補]オフサイドはなぜ反則か

平凡社ライブラリー

Heibonsha Library

［増補］オフサイドはなぜ反則か

中村敏雄

平凡社

本著作は、一九八五年八月、三省堂より刊行されたものです。

目次

序　章　オフサイドとは何か

第一章　オフサイド以前

第二章　オフサイドの出現

終　章

序章　オフサイドとは何か

問題の所在

「V字型のみぞ」のなぞ

サッカー・ルールの第一条、第二項は、「ラインの引き方」について次のように述べている。「競技場は幅五インチ以下の線をもって描き、V字型のみぞで区画してはならない。長い方の境界線をタッチライン、短い方をゴールラインという。四隅には高さ五フィート以上で先のとがっていない旗ざおにつけた旗を立てる」（傍点引用者）。

スポーツのルールというのは、一度読んで理解したら、あるいはルールに従ってプレーする要領がわかってしまえば、その後は、ルールが変わるか、試合中にルールをめぐってトラブルが起こるか、あるいは新しい技術を思いついたというようなことでもない限り、改めてこれを読み返すようなことはしないのが普通である。わが国には数えきれないほどの草野球チームがあるが、これらに所属する人たちのなかで、あの膨大な野球のルールの全文を読み通したという人がいたら、それはもう大変な努力家といってよいであろう。それほどルールというのは注意深く読まれることのないものであるが、しかしそれでも立派にプレーができ、試合が行われているのは、子どもの頃から口伝えに、あるいはテレビなどを通じて、知らず知らずのうちにルールを学んできているからで、普通の試合はそれで十分にプレーできるのである。

しかし私たちのような体育教師は、子どもたちにルールを指導しなければならないということもあって、ルールブックを読む機会は一般の人たちよりはるかに多い。前記のサッカー・ルールも、これを読んだ回数は決して少なくないが、しかし何度読んでも私には、ラインを「V字型のみぞで区画してはならない」という文言の意味がよくわからなかった。また、なぜこのような規定があるのかということも、後述するような好運に恵まれるまでは理解できなかった。もちろん、心のどこかで「なぜだろう」と思うことはあっても、たとえそれがわかったとしてもあまり授業に役立つことはあるまい、そんなことよりもボールの蹴り方やチームのまとめ方などを教えることの方が大切、と考えていたのが正直な感想である。

わが国の伝統的な体育の授業は、子どもたちの技能向上と仲間づくりをもっとも重視し、それ以上に教えるべき何かがあるとは考えないのが普通である。

ところが一九七〇年の春、偶然のことからロンドンへ一人で旅をすることになり、知人に紹介されたバーミンガム大学のクーパー氏に連れられてラグビー校を訪れた時、この奇妙な「ラインの引き方」についての積年の疑問が一気に解き明かされた。ルールが決めている「幅五インチの線」は、何と芝を刈りこんで引くことを指示するものだったのである。そして「V字型のみぞ」は危険防止のための「芝の刈り方」を規定したものであった。視点を換えていえば、このルールは芝を刈ってラインを引くことを要求していると同時に、サッカーは芝生のグラウンドで行われなければならないということも規定していたのである。

一九七九年四月、筑波大学の客員教授として来日し、同大学ラグビー部のコーチも務めたジム・グリーンウッド氏は、同年五月に来日したラグビーのイングランド代表チームが、「丁寧にしかし断固として、日本の普通のラグビー・グラウンドで試合することを拒否した」が、その理由は「日本の平均的なラグビー・グラウンドには、およそ芝生というものが生えていない」ことにあったと述べている。[*1] ラグビーのルールにサッカーと同じような条文はないが、しかしこのスポーツもまた芝生のグラウンドでのプレーを原則としていることに変わりはなく、イングランド代表チームの行為ははっきりとこれを示している。

イースター直後の、まだ雪がちらつくことさえあった春先のラグビー校のグラウンドは、

●ハックニー・マーシュにあるサッカー場

目も覚めるような緑色に輝いており、一〇〇面ほどまでは数えることができたすべてのグラウンドのラインは、見事に芝を刈りこんで引いてあった。

上に掲げたのはハックニー・マーシュ（ロンドン市の北東）にあるグラウンドの写真であるが、ここには一〇〇面を越えるサッカー、ラグビー、ホッケーのグラウンドがあり、よくよく考えれば、この写真を見たその時に、これだけのグラウンドのラインを石灰で引くなどというのは到底無理なことであり、まして雨の多いイギリスでは、引いたあとから石灰が流れてしまうということさえあって、他の何らかの方法がとられているのではないかと気付くべきであった。サッカーやラグビーのグラウンドといえば、夏は土ぼこり、冬は霜どけに悩まされる土のグラウンドしか思い浮かばず、正月に行われるラグビーの試合が「泥んこ合戦」になるのは当然と考えていたのが私などの常識であった。そのような私にとって「V字型のみぞ」の規定はあまりにも遠い、想像を越えた次元のもので、このようなルールが生まれた理由を知ろうにも、その前提となる歴史的・風土的、そして文化的条件についての経験や知見があまりにも貧困であった。その主要な原因が、ボールの蹴り方やチームのまとめ方などを中心にサッカーやラグビーを指導し、それ以外に教えるべき多くのことがあるということを明らかにしてこなかったこれまでの体育の授業研究や、その背後にある体育諸学の遅れにあることは多言を必要としない。

オフサイド・ルールを考える理由

以上の例は僅かにサッカーの「ラインの引き方」についてだけであるが、これに触発されて、スポーツのルールのなかにはもっと多くの奇妙とか不思議とか思うことがあるのではないだろうかと考えてみると、たとえば、

・テニスでは、豪速球を打ちこんでおきながら、なぜそれをサービス（奉仕）というのか
・ラグビーのボールはなぜ楕円球なのか

・サッカーはなぜボールを手で扱ってはいけないのか
・アメリカン・フットボールのタッチ・ダウンはなぜ六点なのか
・硬式テニスのネットはなぜ中央を低くするのか
・公認の陸上競技場のトラックはなぜ四〇〇メートルなのか
・卓球ではなぜサポートの外側を通って相手コートにはいったボールでもセーフなのか

などというように、考えはじめたらキリがないほど次々と奇妙とか不思議とか思われることが浮かんでくる。というよりも、スポーツのルールというのは奇妙で不思議なことだらけといってもよいほどわからないことが多い。

・バレーボールはなぜ三回で相手コートにボールを返さなければならないのか
・陸上競技の三段跳びはなぜ三段跳びなのか、四段跳びや五段跳びではなぜいけないのか
・ホッケーではなぜスティックの両面でボールを打ってはいけないのか

などもそうである。

しかしそれでもこのような問いへの答えがクイズの回答程度のものでよいのであれば、それほどむずかしいことではない。たとえば右に述べたテニスのサービスについていえば、古い時代のテニスでは、プレーする人が連れてきたサーバント（召使い）がコートサイドの屋

根にボールを投げ上げ、それがコートに転がり落ちてワン・バウンドした後、それを相手に打ち返すというルールでプレーを開始したことから、最初のボールの投げ上げをサービスと呼んだのである[*2]などと答えれば一応の回答にはなる。しかし、この時代のテニスがなぜそのようなルールだったのかと重ねて問われれば、そしてその答えに対してもさらに「なぜか」と問われれば、もはやこの問いがクイズの域を脱していることはもちろん、その答えもまた広く、深くスポーツの文化・社会史を背景にして行われなければならないことになる。ここで考察しようとしているオフサイド・ルールについても同様である。オフサイドとは、プレイヤーがボールより前方でプレーすること、と答えるのはそれほどむずかしいことではない。しかしそれでは、「プレイヤーがボールより前方でプレーすること」がなぜ反則なのか、それはいつ頃、誰が、どのような理由で決めたのかなどと問われれば、これらのすべてに満足のいく答えをすることは誰にとっても容易なことでない。オフサイド・ルールを初めて学ぶ子どもたちは素朴にこのような疑問をもつであろうし、またそのような子どもたちに育ってほしいと思う。そして私は、そのような疑問のすべてにキチンと答えられる教師になりたいと思う。私がスポーツのルールを研究対象に選んだのはこのような動機からである。

そのなかで、とくにオフサイド・ルールを選んだのは、「ボールより前方でプレーするこ

●ラグビー校のフットボール（1845年頃）

と」が反則というのは、どう考えても不合理であり、不自然であると思ったからである。二つのチームのプレイヤーが入り混じって一個のボールを奪い合うボール・ゲームである以上、ボールより前方に出てしまったり、そのような位置に居残ったりするというのは常に起こることで、それは今日でも、小学生の行うポートボールからプロ・サッカー・チームの試合までのどこででも起こっている。にもかかわらず、このような場合、ボール保持者は前方にいる味方のプレイヤーにボールを送ってはならず、常に自分より後方にいるプレイヤーにしかパスできないとしたら、それは何とも不合理、不自然というほかはない。

一九世紀の中頃に行われていたフットボールでは、このようなオフサイド・ルールがあったため、密集のなかのボールは必ず前方に蹴り出されなければならなかった。

そしてこのような場合、密集の向こう側にいるのは、これまたオフサイド・ルールがあるため、すべて相手チームのプレイヤーであり、したがって苦労して密集からボールを蹴り出しても、そのボールは、ほぼ確実に相手チームの所有するところとなった。これは、少なくとも現代的な視点から考える限り、そして苦労に見合った利益を得るという視点から考えても、不合理、不自然としかいいようがない。

ところが当時の若者たちはこのようなルールを生み、守り、これに従ってプレーしていた。一体、それはなぜだったのだろうか。

後述することでもあるが、一九世紀の中頃、オフサイド・ルールを取り入れていた学校やクラブのフットボール試合では、前ページの図のような密集が頻繁に形成されていた。それは、このルールがあるために密集のなかのボールは必ず前方へ蹴り出されなければならず、そのとき、相手チームのプレイヤーを、また時には味方のプレイヤーをも蹴ることがあり、それが一九世紀の中頃には「無差別な蹴り合い（indiscriminate kicking match）」といわれるほどにエスカレートしており[*3]、それを怖れず密集のなかへ飛びこんでいくのが、この時代の若者たちを捉えていた「男らしさ（manliness）」をあらわす行為と考えられていたからである。

　彼らのこのようなプレーと、フットボールが空地や校庭で行われるようになったこととは深く関係しているが、それは後述することとして、このようなプレーにはこの時代の若者たちがなおまだ古いフットボールの荒々しさに強い魅力を感じていたことがあらわれているということを述べておきたい。さらにこの時代に限らず、新しいスポーツやスポーツ観はこのように過去と現在の鬩《せめ》ぎ合いのなかから生まれてくるということもここにはあらわれている。もちろんこのようなことはフットボールに関する多くの知見を得た後代的視座からいえることで、これが現代のわれわれに教示しているのは、スポーツ愛好家たちが現代にもあるこのような鬩ぎ合いに注目し、その《当事者》であろうとすることの重要性に気付くということである。おそらく欧米のホームタウンやフランチャイズなどのスポーツ支援組織の背後には、このような《当事者》意識の共有感があり、文化への「主体性」もそれを核心にしているといってよく、このような《当事者》は自らを文化の変化や変革の渦中におき、その方向性や在り方などを主導し、その責任を自覚的に負おうとするものをいうのであろうと思われる。そして今日のわれわれにとって重要なのは、自らが今このような鬩ぎ合いの渦中にいるのかいないのか、その《当事者》であろうとするのかしないのかという自問であり自答であろう。

本書で考察したいのは、一五〇年ほど昔、イギリスの若者たちが、この時代の《当事者》としてどのように行動したかということであり、それをオフサイドというルールを窓口に透視してみたいということである。そうすることによって、単にオフサイドをルール違反と決めた理由や経緯がわかるだけでなく、運動文化の近代化＝近代スポーツの創出という事業がどのように展開されたのかということもわかるであろうと思うのである。フットボールは、またオフサイドというルールは、そういうことの解明や理解に好適の素材のように思われる。もちろんなおまだ多くのことが不明であるが、それらが次第に明らかにされることによって二一世紀のスポーツの在り方に関する指針が得られるだろうと思われ、とくにスポーツに加えた人工性とスポーツがエスニック・スポーツに加えた「普遍性」という「外圧」をどう考えるかということが明らかになるのは非常に重要なことである。

ところで、ここでもう一つ、簡略にではあるが付記しておきたいと思うのは、アメリカへ伝わったフットボールとオフサイド・ルールである。D・リースマンは、一九世紀後半期のこの国の若者たちが、「サッカー形式のゲームなどはもはや捨ててかえりみないという気になっていたし、イギリスの規則どおりにラグビーをやりたいとも思っておらず、またやろうとしてもやれないということ」がわかりはじめていたと述べている。[*4] それはフットボールのルールをよく知っている人がいなかったということや、イギリスの伝統に拘束されるのを好まない人が多かったということなどのためで、そのような状況下で彼らは「このゲームを(アメリカという)新しい文化的地盤に適応させようという、システマティックかつおもむろな努力」を続け[*5]、そのなかでボールを後方へスナップ・バックするという新しい方法を考え出した。しかもそうすることによってボールより前方に居残ることになるプレイヤーをオフサイドの反則を犯していないと解釈することにして、それまでとはまったく異なるフットボールを創出した。ここにアメリカ生まれのプラグマティズムが光彩を放っていることはいうまでもない。

　このようにオフサイド・ルールの適用を、スナップ・バックをする時だけという条件下のプレーに限定したため、ボールより前方へプレイヤーを走らせ、その後方からボールを投げてレシーブさせるという、バスケットボールと同じようなプレーができることになった。「フット」ボールというよりは「ハンド」ボールと呼ぶ方が適切と思われるボール・ゲームに変わったのである。

　ここにはルールが変わればゲームの様相が変わるという、極めて当然のことが起こっているが、しかし重要なことは、このような変化の《当事者》は誰か、どういう人かということであり、民主主義とは国民をこのような変化の《当事者》にするということで、わが国に欠けているのはこういうことといってよい。先年に展開された柔道衣のカラー化問題に国民がどれだけ関心をもったか、また柔道愛好者たちがそれに向けてどれだけの努力をしたかということを考えれば、国民を《当事者》にしてスポーツを変えるということが容易でないということも理解されるだろうと思われる。

注

＊1——ジム・グリーンウッド「日本ラグビー見たまま(1)」(“Rugbyfootball” Vol.29, No.5, 日本ラグビー協会、二七頁)

＊2——稲垣正浩「「サービス」技術の変遷」(岸野雄三編『体育史講義』所収、大修館書店、一九八四年、一五七頁)

＊3——E. Dunning & K. Sheard, “Barbarians, Gentlemen and Players”, New York University Press, 1979, p. 96

＊4——D・リースマン著、国弘正雄・牧野宏共訳『個人主義の再検討』ぺりかん社、一九七〇年、三八四—三八五頁

＊5——同上書、三八六頁

オフサイド・ルールの条件

オフサイドとは

サッカーの試合で、図1のように攻撃側プレイヤーがⒶ→Ⓑ→Ⓒ'とすばやくボールをパスし、ⒸがⒸ'の位置に走りこんでシュートしようとする時、このⒸが守備側の△cよりも相手ゴール・ラインに近い位置で、しかもボールがⒸ'の位置にくるよりも早くⒸからⒸ'に移動してⒷからのパスを受けとるような場合、このⒸはオフサイドの反則を犯したという。

攻撃側と守備側のプレイヤーそれぞれの位置や動く方向、およびその速さなどの条件が複雑に関係し合って出現するオフサイドの詳細を、簡単な文章や図で説明するのは容易なことではない。とくにオフサイド・ルールのあるボール・ゲームの経験が乏しい人たちにとっては、なぜこのようなルールがあるのかという疑問が最初からつきまとうこともあって、くわしく説明されればされるほどますますわからなくなるということさえある。このような疑問にはおいおい答えていくことにして、とりあえずもう少し場面を単純化して述べると、たとえば図2のように、守備側チームのⓐやⓑよりも相手ゴール・ラインに近い位置にいる攻撃側プレイヤーⒷに、後方のⒶからパスが行われた場合、このⒷはオフサイドであるという、といえばよりわかりやすいであろうか。

　つまりゴール・キーパー以外の相手チームの誰よりも相手ゴール・ラインの近くにいて、そこで攻撃側プレイヤーが後方からパスされたボールを受けとるような場合、このプレイヤーはオフサイドであるという。したがって両チームのプレイヤーは、自分の位置とボールの

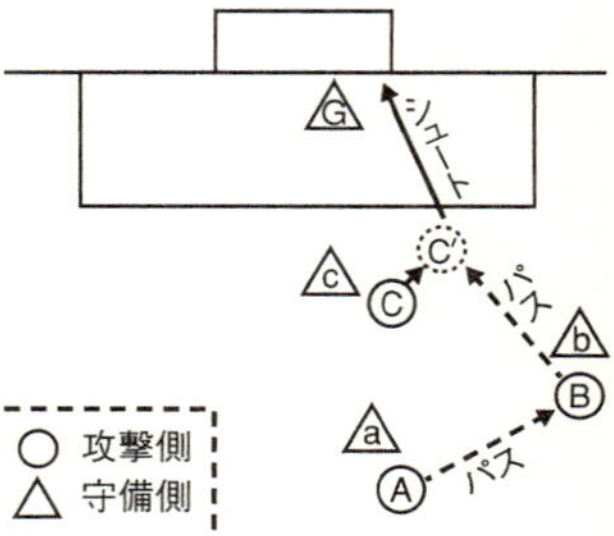

図1

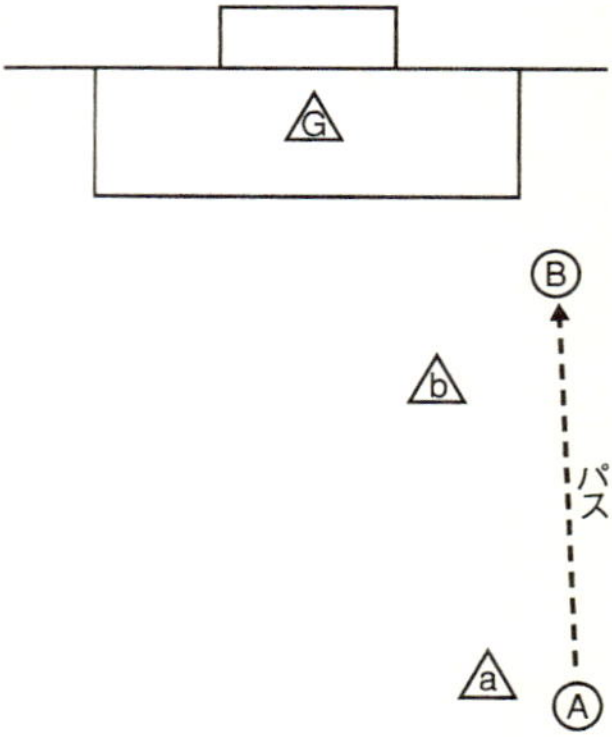

図2

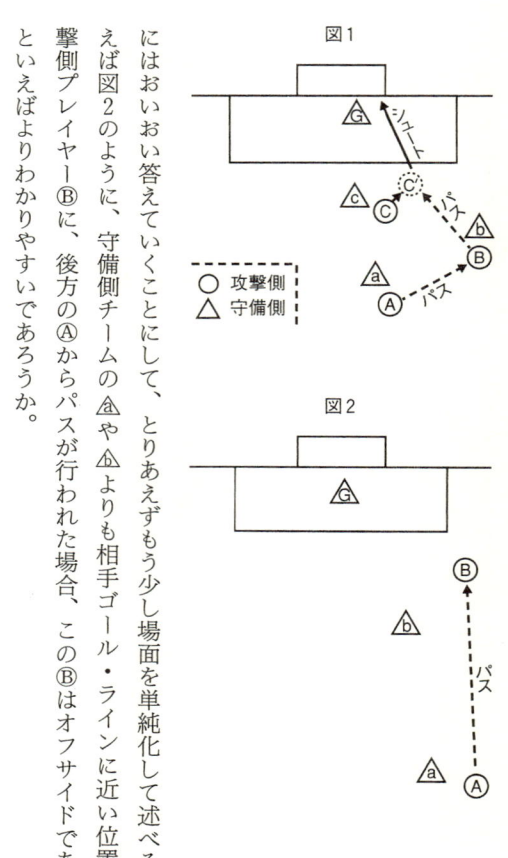

位置、および相手チームのプレイヤーの位置などについて、常にその前後関係を見定めていなければならず、このことはボールと両チームのプレイヤーそれぞれの位置について、常にゴール・ラインとの「平行線」を想定しながらプレーしなければならないことを意味する。これを攻撃側プレイヤーの側からいえば、ボールよりも前方にいる時は、常に自分と相手ゴール・キーパーとの間に相手チームのプレイヤーが少なくとも一人以上いるように注意してプレーしなければならないことを意味し、守備側プレイヤーの側からいえば、相手にシュート・チャンスを与えないという条件内で、攻撃側プレイヤーをそのような状態にさせればよいということになる。このようなプレーの一種にオフサイド・トラップというのがある。これは自陣ゴール前で守備側プレイヤーが一斉に前進して、攻めこんだ攻撃側プレイヤーを〈オフサイドの位置〉にあるように追いこむ戦法である。このことは攻撃側プレイヤーが自分で〈オフサイドの反則〉を犯すだけではなく、守備側プレイヤーの動きによって〈オフサイドの反則〉を犯させられることがあるということも意味している。

以上の説明から、サッカーの試合では、そしてラグビーやホッケーでも、オフサイドであるかどうかの判定は、攻撃側プレイヤーが〈オフサイドの位置〉にいるかどうかというのがまず第一の条件として、その上で、〈オフサイドの反則〉と見なされるようなプレーをしたかどうかというのが第二の条件として行われるということである。
これを、サッカーのルールは次のように述べている。

オフサイドの位置にいる競技者であっても、主審の判断によって彼がプレーに関与せず、または相手に妨害をも与えず、もしくはオフサイドの位置にあることを利用しようともしていない場合には、この罰則を発動しないものとする。

つまり、攻撃側プレイヤーが〈オフサイドの位置〉にいるというだけでは〈オフサイドの反則〉を犯したことにはならず、再び図2でいえば、Ⓐからのパスに対してⒷがこのボールに積極的なプレーをしなければ、〈オフサイドの位置〉にはいるが〈オフサイドの反則〉を犯したことにはならず、プレーはそのまま続けられるということになる。

オフサイド・ルールのあることのおもしろさ

どのようなプレーがオフサイドであるのかということについて、そのすべての条件や場面を詳細に説明するのがここでの目的ではないし、また種目によってもいろいろな相違があって簡単にこれをまとめることもできにくい。しかしオフサイド・ルールの基本原則は、攻撃側プレイヤーがボールより前方にいてプレーすることを制限、もしくは禁止するということで、これはオフサイド・ルールをもつすべてのボール・ゲームに共通している。それが図1のように、ボールがⒸ'の位置にくるのとⒸがこの位置に走りこむのとどちらが早く、しかもその時、守備側の△cは前進したか、後退したか、それはⒷからのパスがどのあたりにきた時であり、またⒸがどのような動きをした時であるのかというような微妙な動きと、その背後にある二人のプレイヤーのかけひきと読みとが十分に発揮される時、サッカー・ファンはその醍醐味を十分に味わい、満足するのである。

　スポーツに含まれているおもしろさの感じ方にはさまざまな水準があって、前記の図1のような場合でも、Ⓒのシュートが成功したかしなかったか、ゴール・キーパーがそれをうまく防いだか防がなかったかというようなことに興味や関心が集中するような場合、そのおもしろさの感じ方はまだ低い水準にあるといい、ⒷからⒸ'に送られるボールの速さ、それを受けとろうとするⒸのスタートのタイミングや走るコースの選び方、そして守備側の△cの攻撃側Ⓒに対するかけひきなどを評価できる観戦者は相当の鑑識眼をもつ人であり、そのおもしろさを感じる程度も高いなどという。

このような高い水準のおもしろさは、オフサイドというルールがあることによって味わうことができるものであり、それは攻撃側プレイヤーがオフサイドになるかならないかという反則スレスレのプレーをし、守備側プレイヤーがオフサイド・トラップを仕かけるかゴールを守るかというギリギリの選択をし、しかもこのような微妙なプレーを審判が正確に判定したかどうかというようなことから生まれてくる。しかし、このようなおもしろさをもつオフサイド・ルールも、最初からこのようなおもしろさを味わえるということがわかっていてサッカーやラグビーのルールに取り入れられたわけではなく、「ボールがプレーされた瞬間に、そのボールより相手側ゴール・ラインに近い位置にいる競技者」のプレーを制限もしくは禁止するために考え出されたのであって、そのような制限や禁止のなかで両チームのプレイヤーが虚々実々のプレーを展開するように攻防の技術が発達することによって新しいおもしろさとして生まれたものである。

オフサイドの適用

オフサイド・ルールの排除

オフサイドは、二つのチームのプレイヤーが互いに入り混じって行うボール・ゲーム、すなわちサッカー、ラグビー、ホッケー、アイスホッケーなどに取り入れられている反則の一つで、同じボール・ゲームでも、ネットをはさんで行うテニス、卓球、バレーボール、あるいは交互に攻守を交代する野球、ソフトボール、クリケット、そしてボールを次々とホールに入れていくゴルフなどにはないルールであり、またこれらのボール・ゲームでは起こりようのないプレーである。

ところが、二つのチームのプレイヤーが互いに入り混じるボール・ゲームでありながら、バスケットボールにはオフサイド・ルールがなく、むしろ先の図2に示したようなロング・パスによる攻撃法は速攻と呼ばれて、もっとも有効な攻撃法の一つとされている。同様にラグビーから変化し発展したアメリカン・フットボールでも、ボールがイン・プレーの状態に移される時以外にこのルールが適用されることはなく、これらのボール・ゲームではオフサイド・ルールが無視、あるいは排除されているといってよい。これをラグビーとバスケットボールでその典型と思われる攻撃法で比較してみると、はっきりとその相違を知ることができる。右の図3、4のなかの⊗印はボールを持っている攻撃側プレイヤーで、図は、これからフォーメーション・プレーによる攻めが展開されようとする場合の一般的なシフト（プレイヤーの位置）を示したものである。そして、ラグビーでは全員がボールを持っているプレ

図3　ラグビー

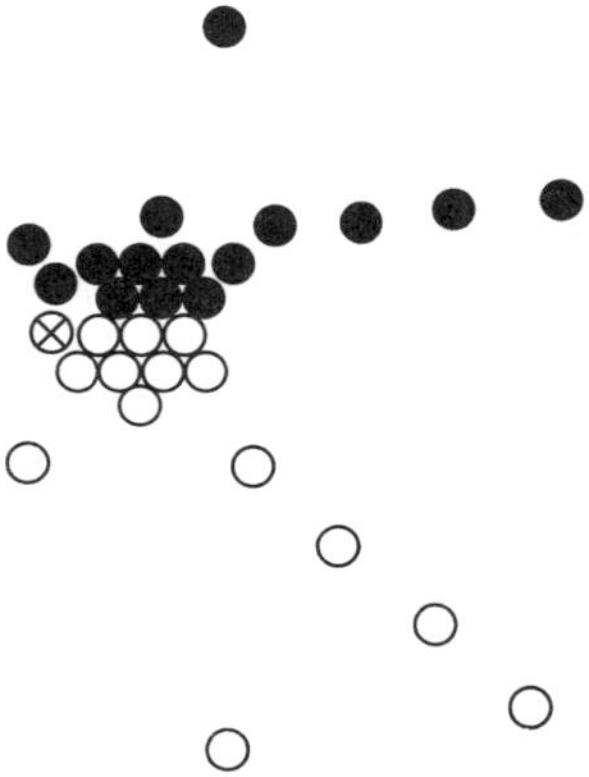

図4　バスケットボール

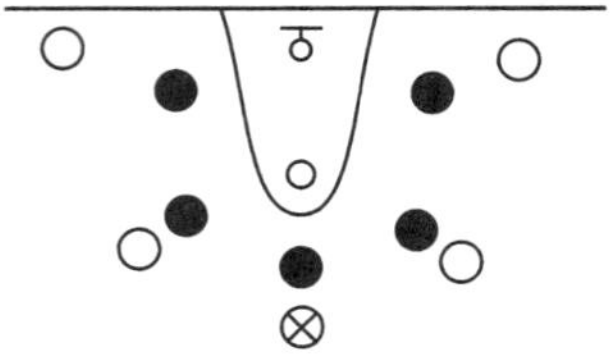

図5　アメリカン・フットボール

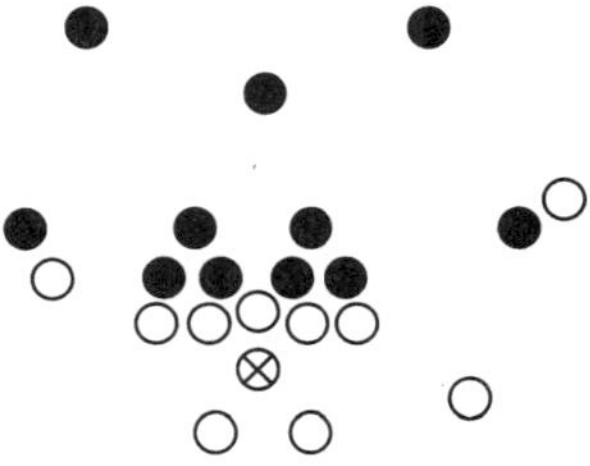

イヤーよりも後方に位置し、バスケットボールでは、ボール保持者以外の四人がすべて〈オフサイドの位置〉にいる。アメリカン・フットボールもバスケットボールとほとんど同じと考えてよく、図5はスナップ・バックが行われた直後の、これからフォワード・パスによる攻めが行われようとする時のプレイヤーの位置を示したものであるが、この時（少なくともこの図では）七人のフォワードがすでに〈オフサイドの位置〉にあり、やがてこのクォーター・バック（ボールを持っているプレイヤー）はもっと後方にさがり、ほぼ全員をオフサイドの状態にして前方にボールを投げるのが普通である。前方にボールを投げて味方にキャッチさせるという戦法が許されていること自体が、すでにオフサイド・ルールをまったく無視しているということを示しており、このスポーツが母なるラグビーとは異質の精神と風土を背景に発達したものであることを、このようなフォーメーション・プレーによる攻めが行われるという事実が示している。

ラグビーのオフサイド・ルール

このように見てくると、オフサイド・ルールの適用がもっとも厳しいのはラグビーで、ホッケー、サッカーがこれにつぎ、以下、アイスホッケー、アメリカン・フットボールとなり、バスケットボールではこのルールが完全に消滅しているということになる。ラグビーがもっとも厳しいというのは、ホッケー、サッカー、アイスホッケーではオフサイド・ルールの適用がハーフ・ウェイ・ラインより前方の相手側グラウンド（あるいは氷域）内に限られているが、ラグビーではハーフ・ウェイ・ラインより後方の自陣側のグラウンド内でもこのルールが適用され、しかもこの地域で〈オフサイドの反則〉を犯した場合、それへの罰則として相手チームに与えられるペナルティ・キックによって得点されることも少なくないという意味からである。ラグビーにはこのほかにもアンウィルフル・オフサイド、リメイン・オフサイド、一〇ヤード・ルールなどというオフサイドに関する独特のルールがいくつかあって、ボールより前方で、あるいはボールを持っている相手の近くでプレーできないような制限がいろいろと決められており、オフサイド・ルールに関してはラグビーがもっとも厳しいということができる。

ホッケーとサッカーは、攻撃側プレイヤーと相手ゴール・ラインとの間に守備側プレイヤーが二人以上いればオフサイドではなく、その厳しさの程度は同じといえる。しかしこの二つのスポーツは、守備側の人数が三人以上でなければならないと決めていた時代があり、それを二人以上とルール変更をしたのは、サッカーが一九二五年、ホッケーが一九七二年のオリンピック・ミュンヘン大会後のことで、ホッケーの方がほぼ半世紀の間、厳しい時代を長く経験したといえる。

アイスホッケーでは、相手側の氷域内にパックを持ちこむ時にだけオフサイド・ルールが適用され、相手側氷域内にパックを持ちこんでしまえば、そこでのプレーにオフサイド・ルールの適用はないから、ラグビー、ホッケー、サッカーよりは厳しくない。アメリカン・フットボールでは、センター・フォワードがボールをスナップ・バックしてボールをイン・プレーに移す時、プレイヤーがスクリメージ・ラインを越えたかどうかということについてだけオフサイド・ルールが適用され、オフサイド・ルールがあるスポーツのなかではもっとも厳しくない。そしてバスケットボールでは、オフサイド・ルールが完全に消滅している。以上のような考察のなかですでに気付かれていることでもあろうが、イギリス生まれのラグビー、ホッケー、サッカーではオフサイド・ルールの適用が厳しく、アメリカ生まれのアメリカン・フットボールやバスケットボールではこのルールの適用がゆるやかである。

同じように二つのチームのプレイヤーが入り混じるボール・ゲームでありながら、イギリス生まれのものとアメリカ生まれのものとの間に、どうしてこのような相違が生じているのかということについては、その一部は旧著*でも触れたことがあるのでここでは詳述しないが、このような相違はスポーツに包摂されている民族性、国民性と関係があり、「スポーツ・ルール学」にとっては見逃すことのできない問題である。イギリス人がなぜアメリカン・フットボール、バスケットボール、野球、ラクロスなどのアメリカ生まれのスポーツに親しまず、アメリカ人がなぜラグビー、サッカー、ホッケー、クリケットなどのイギリス生まれのスポーツになじまないのかという問題は、単純に慣習などということばで理解したつもりになってはならない、もっと深い理由があるのではなかろうかと考えてみることが必要である。

注

＊——拙著『スポーツの技術と思想』ベースボール・マガジン社、一九七八年。および、『スポーツの風土』大修館書店、一九八一年

オフサイドへの接近

タックルが許されるということ

先にも述べたことであるが、オフサイド・ルールというのはどう考えても不合理であり、奇妙なルールである。なぜなら、前方のゴールに向かってボールを進めていくのが目的であるにもかかわらず、ボールより前方にいる味方プレイヤーにパスしてはならず、パスは常に目的と逆方向にしかできないというプレーを要求するルールだからである。

不合理とも、奇妙とも、そして技術水準が低い場合には守備側有利ということにもなるこのルールをなくしてしまったのがバスケットボールである。このスポーツの考案者であるジェイムズ・ネイスミスは、このルールを採用しないと決めた時、「指を鳴らして“I've got it!”（「わかった！」）」と叫んだといわれる。* もちろんネイスミスはオフサイド・ルールを知らなかったわけではなく、彼はカナダのモントリオール市にあるマッギル大学のフットボール選手だったから、このルールはよく知っていたはずである。その彼がギューリック博士から冬季に室内で行えるボール・ゲームを考案するようにと命じられた時に考えたのは、まず室内で行うボール・ゲームだからタックル（ボールを持った相手チームのプレイヤーを捕らえて倒すこと）は禁止しなければならないだろうということであった。では、タックルがフットボールでなぜ許されているのか。それはボールを持ったプレイヤーが走ってよいというルールだからである。それなら、ボールを持ったプレイヤーは走ってはならないというルールにすればタックルも禁止できる。そのかわりにボールを持ったプレイヤーはボールをいかなる方向へもパスできるというルールにすればよい。ネイスミスはこのように考え、そしてオフサイド・ルールは結果的に無視、あるいは排除された。その後、体育館のギャラリーに桃の収穫に使う籠（バスケット）を取り付けてゴールにするということなどが考えつかれ、バスケットボールという新しいボール・ゲームが誕生したのである。

バスケットボールに関しては、このようにルールが考え出されたり、変更されたりした理由、結果、時期などがはっきりしていることが多い。しかしフットボールの歴史のなかで、オフサイド・ルールが、いつ頃、どこで、誰が、どのような理由で考えたのか、またそれを多くの人たちが認め、このルールに従ってプレーするようになったのは、いつ頃、どこで始まったのかなどということの多くが、少なくとも今のところ、ほとんどわかっていない。同じようにルールを調べるといっても、フットボールとバスケットボールとではまったくその条件が違うのである。

オフサイド・ルールの登場

後述するように、オフサイド・ルールがボール・ゲームの歴史のなかに初めて文書に残る形をとって登場するのは、一八四五年、イギリスのラグビーという学校で、生徒が最初にフットボールのルールを成文化した時のことである。このルールは三七カ条で構成されており、オフサイド・ルールはその第二条に、「プレイヤーは、彼の後方で味方のプレイヤーがボールにふれた時、相手チームのプレイヤーがそのボールにふれるまでオフサイドである」という文言で記述されている。

しかし、このルールは一八四五年になって初めてルールの一項目として登場してきたわけではなく、それ以前から、その他の禁止事項とともにラグビー校の——また、その他の諸学校においても——生徒たちの間で認められ、実行されていたはずである。

では一体、このオフサイド・ルールは、これ以前のいつ頃からフットボール・ルールの一項目として認められていたのであろうか。残念ながら今のところ、確実なことはわからない。後述するマス・フットボール、ストリート・フットボール、モッブ・フットボールなどとか呼ばれたボール・ゲームが盛んに行われていた時代にこのルールがなかったことは確かであるから、オフサイド・ルールはこの時代以降、何らかの理由で生まれ、認められるようになったものと思われる。

本書の目的のひとつは、オフサイド・ルールの成立、発展の理由、条件などを明らかにすることである。しかし、あらかじめ述べておかなければならないのは、少なくともこのオフサイド・ルールの成立ということに関しては、バスケットボールにおけるネイスミスのような人物はいないということである。強いていえば、その主役はフットボールを愛好し続けた名もないイギリスの若者たちや民衆である。

つまりバスケットボールは、一八九一年、アメリカのマサチューセッツ州、スプリングフィールド市にあった国際YMCAトレーニング・スクールの教師、ジェイムズ・ネイスミスが、そしてバレーボールは一八九五年に同校のウィリアム・G・モーガンがそれぞれ考案したというように、その誕生にかかわるいくつかの事実がかなりはっきりしている。ところがフットボールでは、そしてオフサイド・ルールでもこのような考案者はわかっていないし、フットボールという名称それ自体が、いつ頃、誰が、そう呼んだのかということさえはっきりしていないのである。フットボールは有史以前からといわれるほど古くから行われていて、しかも地方ごとにそのルールが異なっており、サッカーやラグビーはこれらを統一するなかで生まれ、その時、すでにオフサイド・ルールはそのなかに根付いていたかも知れないのである。つまり、オフサイド・ルールは、ある時、誰かが考え出して普及につとめたというものではなく、とりあえずは曖昧な表現にならざるをえないが、〈オフサイドの位置〉でプレーすることを多くの人たちが「よくない行為」と考え、それが広まって、禁止事項のひとつになったといっていいようなものである。このことは、最初にも述べたように、なぜフットボールを愛好した多くの人びとがこの不合理とも奇妙ともいえるルールを生み、認め、支持したのかという精神や雰囲気の方が、実は主要な問題であるということを意味している。

よく知られているように、オフサイド・ルールのあるボール・ゲームは、とりわけサッカーは、得点の少ないゲームで、両チームの得点を合わせても五点を越えるようなゲームは非常に少ない。ラグビーも同様で、トライが五点、ゴールが決まれば七点というように、一回の得点に与えられる数値が大きいため得点の合計値もラグビー・スコアなどといわれるように大きいこともあるが、しかし実際に得点するプレーそのものはそれほど多くはない。このことは、フットボールがもともと得点の多さを競うのを目的にしていなかったということを暗示するもので、これがオフサイド・ルールを生み出す根底にあることは確かである。では一体、得点を競い合うボール・ゲームでありながら、なぜその多さを争おうとしなかったのか。オフサイド・ルールの秘密を解く鍵は、これを明らかにすることと無関係ではなさそうである。

注

* ――Clair Bee, "Basketball", 1941, p.46

第一章　オフサイド以前

分岐点

〝汚い〟プレーと〝恐ろしい〟ルール

スポーツのルールは人間が考え出すもので、互いにそれを認め合い、それに従ってプレーすることでスポーツは成り立っている。

ところが、同じようなスポーツをしていながら、ルールが違うために対戦できないでいるチームが試合をしようとすれば、まずはルールを調整し合うことが必要であり、それはどちらのルールが合理的であるかという判断を要求するものでもある。スポーツのルールは、このような経験を蓄積しながら、また相互に批判しながら創られ、変化してきた歴史をもっていて、フットボールも例外ではない。

ここで考察しようとしているオフサイド・ルールは、それがフットボールの歴史のなかに登場してから、いろいろな相違や変遷はあったものの、その基本的な考え方は変わらず今日まで受け継がれ、その厳しい統制力を発揮し続けている。そういう意味でこのルールは、フットボール――とくにサッカー、ラグビー、ホッケーなど――を特徴づける重要なルールのひとつということができ、今日ではこのルールのないフットボールは考えられず、またフットボールからこのルールを取り除けば、それはフットボールではないといえるようなルールになっている。それほどオフサイド・ルールはこのスポーツを特徴づけるものであるが、ではこのルールは、なぜフットボールのなかでそれほど特徴的な位置を占めるものになったのであろうか。

一八八三年、イギリスのパブリック・スクールのひとつロレット校の生徒は、次のような「オフサイド」[*1]と題する詩（抜粋）をつくった。

　ぼくはオフサイドがどういうことかっていうのを知っているから
　今でも試合中に変なことをされると、そいつを「汚い奴」だと決めつけて、いってやる
　　んだ。
　「あの野郎、ちょっとオフサイドをやらかしたぜ」と。
　そんなことをいつもする奴がいたら、自信をもっていってやるよ。

「お前なんか、蹴とばされることや、ぶん殴られることや、泥の中にはいつくばること
が怖ろしくて、いつもスクラムのまわりでウロチョロして汚いことをやる奴さ」って。
だけど君は——誰のことだかわかるだろう——密集の中にとびこんで、
モールのおもしろさをたっぷりと味わうのさ。
なぜって、いつかはボールの感じがわかる時がくる、ということを知っているからさ。
そして君がよく知っている昔のフットボールのルールでやっていて、
オフサイドなんかして勝つよりは、負ける方がまだましだ、
と誇りをもっていえる男になっていくのさ。

この詩のなかでオフサイドは「汚い（sneak）」プレーと決めつけられており、「オフサイドなんかして勝つよりは、負ける方がまだましだ（You'll find a much greater honour to lose, Than to win by the game of 'off-side'.）」とさえ表現されている。「オフサイドの位置」でプレーすることを、このように「恥知らず」なプレーと考えることは、おそらくこれ以前に成立していたのであろうが、それがフットボーラーの誇りになり、フェアプレーの精神を示すものと考えられるようになって、このルールはフットボールのルールのなかでもとくに重視さ

れるものとなったと思われる。一九一三（大正二）年創立の神戸一中蹴球部の練習について、「オ、フ、サ、イ、ド、が、馬鹿に恐ろしくてフォワードの体形は丁度ラグビーの夫《そ》れの如く……」[*2]と記された文章があるが、当時の中学生にとってオフサイドは「恐ろしい」ルールと受けとられていたようである。この「恐ろしさ」は、反則を犯すという「恐ろしさ」と同時に、「汚い」「恥知らず」などという人格や精神の蔑視へと結びつく「恐れ」でもあったと思われる。

I・R・モアが収集した、一八世紀中頃のウェストミンスター校で行われていたフットボールのおもなルールはおおよそ次のようなものであったという。[*3]

1. The ball could be punted or caught clean or on the first bounce.
空中にあるボールや最初のバウンド後のボールなら、蹴ってもよいし、またキャッチしてもよい。
2. Tripping, shinning and charging were fair.
相手に脚をかけて倒すこと、相手の脚を蹴ること、相手に身体をぶつけて倒すことは許される。
3. Running with the ball was absolutely forbidden.

ボールを持って走ることは絶対に許されない。

4. A goal was gained by kicking the ball between the trees.
ゴールは、蹴られたボールが二本の木の間を通過することによって得られる。

5. Hitting the ball with the hand was legal.
ボールを手で打つことは許される。

6. When a ball was in touch, play restarted with a "greeze" or scrummage.
ボールがイン・タッチになった時（サイド・ライン——それが明示されていたかどうかは不明である——を横切ってボールがグラウンド外に出た時）、プレーは「グリーズ★」かスクラムで再開される。

7. Outsiding or offside was regarded as bad form, but was legal.
チームから抜け出したり、離れたりするのはよくない行為と見なされる。しかしルール違反ではない。

★グリーズ……祭りの時などにパイを空中に投げあげることで、ここではボールを投げあげることをさす。

右のルールは、その記述のされ方から見て、モアが整理したものであろうと思われ、したがって当時のウェストミンスター校の生徒たちが実際にオフサイド、アウトサイディングなどの用語を用いていたのかどうかということについて断定するのはむずかしい。またこのルールは、トリッピング(相手に脚をかけて倒す)やシンニング(相手の膝を蹴る)を許していたという意味でフットボールの伝統ともいえる粗暴さを残してはいるが、ボールを持って走ることを禁じたり、イン・タッチ(ボールがタッチ・ラインを越えてグラウンド外に出ること)後のプレーの再開の方法を規定していることなどから推察すると、後に述べるような村や町の全域を競技場にして行われていたマス・フットボールとは異質のスポーツになっていたといえる。しかし当時の技術水準がそれほど高くなく、またそのプレーがかなり単純であったとしても、僅かこれだけのルールでプレーしていたとは考えられず、モアも述べているように、ここに示したルールは、やはり「おもな」ルールであって、これ以外にも互いによく知り合っていたもっと多くのルールがあったはずであると考えられる。

ところでこのルールのなかでは、オフサイドを「よくない行為(bad form)」であるとは述べているが、今日のように「反則」とは規定しておらず、オフサイド・ルールの発展過程という視角から見れば、このルールは、オフサイドなどということをまったく考えもしなかったこれ以前のフットボールと、オフサイドを反則と規定するこの時代以降のフットボールとの中間に位置しているように思われる。

ルールの創設あるいは変更について

オフサイド・ルールがボール・ゲームのルールとして最初に登場してくるのはフットボールにおいてであり、既述のように、このルールを含む成文化されたフットボールのルールは、一八四五年のラグビー校のものが最初であろうと思われるから、[*4] オフサイド・ルールがフットボールのルールとして次第にその意味や性格をはっきりさせてくるのは、この一八世紀中頃のものとされるウェストミンスター校のルールから一九世紀中頃のラグビー校のルールまでの、ほぼ一世紀の間のことであろうと思われる。

以下でもしばしば引用することになるが、トマス・ヒューズが一八五七年に著した『トム・ブラウンの学校生活』は、著者のヒューズがラグビー校に在学した一八三〇年代の学校生活を描いたものといわれ、そのなかのフットボールの試合風景を述べているところに次のような一節がある。「君、君、あまり夢中になっちゃだめだよ。君たちはボールを行きすぎてしまったから、スクラムを通り抜けて、くるりとまわって、自分らの側に戻ってこなきゃ、あとはさっぱり役立たない。ほら、弟ブルックがやってきた。彼も君たちと同じように、まっすぐに（スクラムのなかに）飛びこんでいくが、冷静さを失わない。そして後退したり、身をかがめたりしていつもボールのうしろに自分を置いている」[*5]（傍点引用者）。ここでヒューズが述べている前半は、リメイン・オフサイドといわれるルールについてであるが、このことからも、ラグビー校ではすでにヒューズの在学中にオフサイド・ルールが成立し、適用されていたと思われる。仮にそうではないとしても、この書物の出版された一九世紀の中頃にこのルールは確立していたといってよいであろう。

　フットボールの試合で、ボールよりも前方でプレーすることが禁止されている場合と、そうでない場合とでは、試合の様相が明らかに、しかも非常に大きく異なってくる。そしてオフサイド・ルールのあるフットボールは、オフサイド・ルールのないフットボールを行いながら、そのなかで考えられ、新しく創り出されてきたのであるから、オフサイド・ルールのないフットボールのなかで行われていたどんなプレーが、なぜ「よくない行為」と考えられるようになったのかということがわかれば、それ以前のフットボールが批判的に継承された理由や経過を知ることができるはずである。

　一般に、スポーツのルールが新しく創られたり変更されたりする場合、その理由や条件として、おおよそ次のようなことが考えられる。

(1)競技が、より対等、平等、公正に行われるようにする
(2)競技の結果をより正確に測定、または判定できるようにする
(3)競技がより高度な水準で行われるようにする
(4)攻守のバランスが保たれるようにする
(5)危険を防止する
(6)審判の判定を迅速、正確、かつ容易にし、またその権限を強める
(7)競技のスピード・アップをはかる
(8)競技のモラルを高める
(9)技術や用・器具についての科学的な研究成果を取り入れる
(10)組織や企業の収入増をはかる
(11)競技をオープン化(プロとアマが一緒に試合できる)する
(12)人種差別などを排除(あるいは強化)する
(13)スポーツ大国の優位性を保つ
(14)競技をおもしろくする

(15)スポーツの大衆化をはかる

以上のほかにも、たとえば特殊な技能でプレーすることを禁止する（槍投げを円盤投げのようにからだを回転させて行うなど――これは過去の記録との比較を妨げるということもある）とか、あるいは極めて現代的であるが、テレビ放映のための番組編成上の困難を打開するためにルール変更が要望される（バレーボールの試合は、短い場合には三〇分ほどで終了するが、長い場合には三時間を越えることがあり、この差を小さくするためにサイド・アウト制の得点形式に対する再検討が要望されているという――『朝日新聞』一九八四年一月一二日）とかいうこともある。これと同じように一八、九世紀のイギリスでもここに述べたような理由や条件以外のものがあったはずであり、それらに基づいてルールの創出、変更が行われたこともあろう。

オフサイド・ルールが登場してくるのは、フットボールのプレー中にあらわれたある種の行為が、かつては認められ、許されていたにもかかわらず、一八、九世紀になって「よくない行為」、あるいは「汚い」プレーと考えられるようになったことと深く関係しており、しかもこのように考えることが次第に広く認められ、また支持されるようになったからであって、明らかにそこには、フットボールに対するそれ以前とは異なる「見かた」が成立しつつあったということができ、本書ではそのような「見かた」がどのようなものであり、それがどのような文化的・社会的条件の変化を基盤とし、誰がその担い手であったのかということなどがわかればよいと思っている。

ルールの共有ということ

以下では、このような問題意識に立ってオフサイド・ルールの成立とその理由などについて述べていくが、その前にふれておきたいもうひとつのことは、ルールの共有、承認ということである。

今日、スポーツのルールは、国際的な、あるいは国内のスポーツ団体によって占有、管理されているといってもよい状態にある。たとえばルールを変更する必要やルールに疑義が生じた場合、それぞれのスポーツ団体の役員会や総会などでその審議が行われ、結果が公表されて、広く衆知、徹底されるという手続きがとられる。

ところがこのようなスポーツ種目ごとの統轄団体が組織されるのは、それが世界でもっとも早かったイギリスでも、次ページの表にも示したように一九世紀の中期以降のことであり、それ以前には競馬、ゴルフ、クリケットなど、ごく少数の組織が結成されているだけであった。つまりルールを整備したり、不十分なところを訂正したり、また新しい条項をつけ加え

スポーツの統轄団体の成立（McIntosh による）

SPORT	EARLIEST NATIONAL ORGANIZATION	DATE
Horse-racing	Jockey Club	c.1750
Golf	Royal and Ancient Golf Club	1754
Cricket	Marylebone Cricket Club	1788
Mountaineering	Alpine Club	1857
Association Football	Football Association	1863
Athletics	Amateur Athletic Club	1866
	Amateur Athletic Association	1880
Swimming	Amateur Metropolitan Swimming Association	1869
Rugby Football	Rugby Football Union	1871
Sailing	Yacht Racing Association	1875
Cycling	Bicyclists' Union	1878
Skating	National Skating Association	1879
Rowing	Metropolitan Rowing Association	1879
Boxing	Amateur Boxing Association	1884
Hockey	Hockey Association	1886
Lawn Tennis	Lawn Tennis Association	1888
Badminton	Badminton Association	1895
Fencing	Amateur Fencing Association	1898

たり、あるいは競技会を企画したり、それを実際に運営したりというような、いろいろなことがらを専門的に審議、検討、実施する機関が組織されていなかった時代には、多くのスポーツ・チームは、互いにルールを共有したり、承認し合おうとしたりしなかったのであり、またその必要性を感じることもなく、交通や通信の未発達がこれと大きく関係していた。

そのため同じ学校や同じクラブのなかで試合をする場合はともかく、他のチームと試合をする場合には、それに先立ってルールを調整し合うことが必要で、それは、プレイヤーの人数から競技場の大きさや形、競技の方法から反則の種類など、競技の多くの部分に及び、もしもこれらについての調整・合意が成立しなければ、試合を中止するより仕方がなかったのである。一八六四年になっても、「マールバラ（校）はラグビー・フットボールの第一回対校試合をクリフトン校との間で行ったが、ルールの違いのためフットボール試合はうまく行われなかった」[*6]というようなことがしばしば起こっていたし、場合によってそれは必ずしも愉快なことばかりではなかったのである（後述）。

事態がこのようであったということは、ひと言でいえば、種目別の統轄団体がまだ組織されておらず、したがって統一ルールもなかったからであるが、それはまた時代や社会が、スポーツの分野でこのような団体や統一ルールを必要とするほど広い範囲での相互交流や同じルールでプレーすることを必要としていなかったからである。言い換えれば、当時のフットボール愛好家たちは、より多くのフットボール・チームの間でうまさや強さを競い合おうとは考えていなかったということである。

しかし、時代や社会は産業革命を経て大きく変化しはじめ、やがて彼らは共通ルールを認め合って、十数チームによるトーナメントやホーム・アンド・アウェイなどの形式で試合を行い、この共通ルールのもとでの首位争いをするようになる。先に述べたウェストミンスター校のルールからラグビー校のルールまでの一世紀は、まさにこのような動向の「分岐点」であったといってよく、この前後のフットボールを、オフサイド・ルールを中心に据えて考察することによって、フットボールの、さらにはスポーツ一般の近代的特徴とでもいえるものを明らかにすることができるのではないかと思うし、それはまた運動文化の近代化とそれを達成した時代、社会、階級、国民などの実像を明らかにすることでもあろうと思うのである。

注

＊1——J. A. Mangan, " Athleticism in the Victorian and Edwardian Public School", Cambridge University Press, 1981, p.197

＊2——岸野雄三・多和健雄編『スポーツの技術史』大修館書店、一九七二年、四八五頁

＊3——I. R. Moir, " Association Football : The Evolution of the Laws of the Game", Birmingham University, unpublished.

＊4——E. Dunning & K. Sheard, " Barbarians, Gentlemen and Players", New York University Press, 1979, p. 91. 大西鉄之祐・大沼賢治共訳『ラグビーとイギリス人』ベースボール・マガジン社、一九八三年（以下、基本的にはこの訳書に従ったが、部分的に引用者が

変更した箇所もある）

＊5——トマス・ヒューズ著、前川俊一訳『トム・ブラウンの学校生活(上)』岩波文庫、一九五四年、一三三頁

＊6——P・C・マッキントッシュ著、加藤橘夫・田中鎮雄共訳『近代イギリス体育史』ベースボール・マガジン社、一九七〇年、三三頁

いろいろなフットボール

フットボールさまざま

今日、世界にフットボールという名のつくボール・ゲームは数種類ある。わが国で広く行われているのはサッカー（これはアソシエーション・フットボールという名称が、assoc-c-er から soc-c-er というように縮小したものといわれ、[*1] かつてわが国ではア式蹴球と呼んだこともある）、ラグビー・フットボール（ラ式蹴球とも呼んだ）、アメリカン・フットボール（鎧球《がいきゅう》と邦訳した）の三種類であるが、これ以外にも、おもにオーストラリアで行われているオーストラリアン・フットボール、アイルランドで行われているゲーリック・フットボール、カナダで行われているカナディアン・フットボールがあり、それぞれ独自の協会を組織し、国内の選手権大会なども行っている。そのほかにも、長い歴史をもつイギリスのパブリック・スクールのなかには、古くから行われてきた伝統的なフットボールを行っている学校があって、イートン校

●蹴鞠

は有名なウォール・ゲームと呼ばれるフットボールを、ハロー校はハロー・フットボールを、ウィンチェスター校はウィンチェスター・カレッジ・フットボールを受け継いでいる。[*2] また、フットボールという名称では呼ばれていないが、東南アジアの国々では、籐で編んだボールを足で蹴り合う競技が行われており、中国や朝鮮半島などには羽根つきを足で行う遊びもある。ボールやこれに類似した用具を足で蹴って行う遊びや競戯は、おそらく以上に述べたもののほかにも世界のいろいろな国や地方でさまざまなものが行われていたであろうし、また今も行われていて、歴史を遡れば、イタリアで行われていたカルチォ、わが国や中国で行われていた蹴鞠《けまり》などもフットボールの一種ということができる。D・モリスは、「中央アメリカでは、早くもBC五〇〇年ごろには、トラチトリ（Tlachtli）とかポカトク（Pok-a-tok）の呼び名で知られる本格的な競技スポーツが発達していた。……アステカ族やマヤ族の社会には、ほとんどの町に少なくとも一か所は聖なる球技コートがあった。今日のボウリング用ボールほどの大きさのゴムボールを使用し、一チーム男子七人編成の二チームの間で激烈な試合が行われていた」と述べ、[*3]大井邦明も「メソアメリカの古代文化を特徴づけている文化要素のひとつとして球技をあげることができる」として次のような球技を紹介している。[*4]「球技場はI字形の閉鎖空間をもち、その中で技が競われた。人数は別に決まっていなかったようだ。競技者は、腕部、腰部(から腹部まで)、脚部に革と綿でつくった防具をつけ、生ゴム製の弾力の強いボールを使って競技した。手を使うことは禁じられ、防具をつけた部分にボールを当てて打ち返した。ゲームは、敵チームの競技者にボールをぶつけたら一点、同様に相手コートに入れたら一点となる。ただし穴あき円盤状のゴール(コートの中央の両側に設けられていた=引用者注)にボールを通せば、それまでの得点に関係なく競技は終了した。しかしボールを円盤《ゴール》に通すことは大変むずかしく、ごくまれにしか起こらなかったといわれる。競技は激しく、競技者には強靭さ機敏さが要求された。競技終了後には身体中打ち身だらけで黒く腫れあがり、競技者たちはその部分をナイフで切って「いためつけられた血」をしぼり出したという」。この球技に使われた生ゴム製のボールの重さは三・五キログラムもあり、紀元前一〇〇〇年頃から行われていたことを裏付ける遺物も出土しているという。

その他の球技についても同様に紹介すべきであろうが、ここではそれが目的ではないので、以下ではフットボールという名称をもったもの、これと深い関係があると思われるものについてだけ紹介しておきたい。

〈オーストラリアン・フットボール〉

次ページの図のように卵形の競技場で、一八人ずつのプレイヤーによって行われる。競技場の両端に四本のゴール・ポストが立てられ、蹴られたボールが中央の二本のゴール・ポストの間を通過すれば六点、その外側のポストの間であれば一点が与えられる。ボールはラグビーと同じ楕円球を用いるが、ノック・オン（ボールを前方に落とすこと）も、オフサイド・ルールもない。

〈ゲーリック・フットボール〉

一五人ずつのプレイヤーで行われ、バスケットボールのようなドリブルが許されている。キックか拳で打ったボールがクロス・バーの上を通過すれば一点、クロス・バーの下を通過すれば三点が得られる。

〈カナディアン・フットボール〉

このボール・ゲームはアメリカン・フットボールによく似ている。プレイヤーの人数が一二人であること、一回の攻撃が三ダウンであることなどがアメリカン・フットボールと違っている。

　これらの原型はイギリスのフットボールにあるが、しかしそれぞれは、このスポーツが伝えられたところで他と交流することが乏しいまま独自の発達を遂げたため、このような特色をはっきりさせることになった。そして比喩的にいえば、今日の世界のフットボールに見られるこのようなそれぞれが独立した状況を、もっと粗野で未分化な水準にもどして数百年昔のイギリス社会に移せば、それが当時のイギリスにおけるフットボールの行われ方によく似てくるということになる。つまり一九世紀までは、いろいろな特徴のフットボールがイギリス各地で、積極的に他と交流することなく、それぞれ独自に

オーストラリアン・フットボールのグラウンド

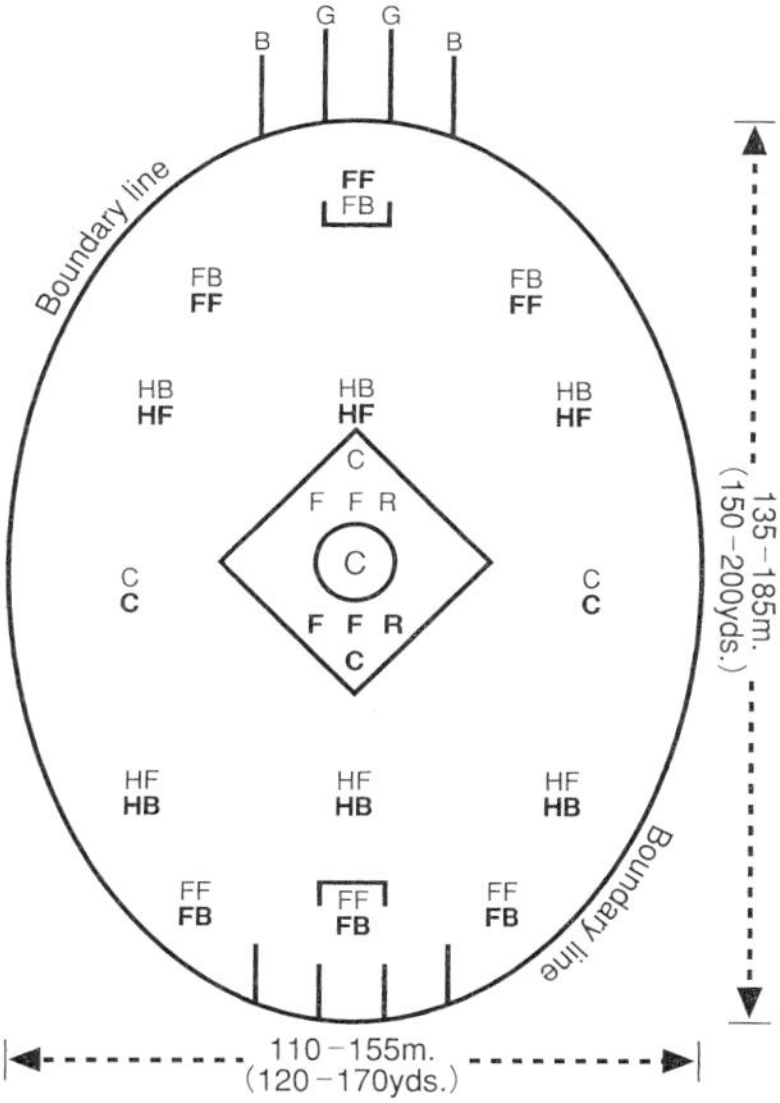

地方的な伝統を守って多様に行われていたということである。
そしてこれらをフットボールと総称しているのは今日の人たちであって、当時の人たちが、自分たちの行っているボール・ゲームをフットボールと呼んでいたかどうかは明らかでなく、むしろそれぞれ独自の名称をもっていたと考えられる。たとえば、南西部のコーンウォール州で行われていたボール・ゲームは「ハーリング（hurling）」という名称をもち、ウェールズの南部では「ナッパン（knappan）」というボール・ゲームが、イースト・アングリア地方では「キャンプ・ボール（campball）」という名のボール・ゲームが行われていた。以下ではE・ダニングらがこれらについて記したものがあるので、それを要約して紹介しておこう。[*5]

〈郊外のハーリング Hurling of Country〉

ハーリングという「ボール・ゲーム」は、一個の銀色に塗られたボールを使ってプレーされ、これを「力ずくか奇計によって」味方のゴールまで持って行くのが目的だった。……通常、誰でもボールを持つと、たちまち相手に追跡されることになる。また相手は、ボールを持った者を大地に完全に倒すまでは離れようとしない。一度、こうして倒されると、彼はボールを持ち続けることができなくなり、前方のもっとも遠いところにいる味方にボールを投げ、この味方もこれを持って同じように逃げようとする。ハーラーたちが次にやることは、丘や谷、生垣や溝を越え、叢や茨の生え茂ったところ、沼地、湿地、河でもどこでも突進することで、そのため、時によっては二〇人とか三〇人とかのハーラーたちが水中でボールを奪い合いながら取組み合っているのを見ることがある。このように行われるハーリングはまったく激しく、荒っぽく、知性を欠いており、それは戦争のやり方に似ているところがある。両チームは、うまくボールを手に入れれば素速くそれを運び去ろうと馬に乗ったプレイヤーさえ用意している。しかしボールを持って疾駆するこの騎手は通り過ぎるコースの曲り角や十字路、橋のあるところや川の深みなどで確実に相手につかまり、運が悪ければ馬もろとも引倒されてしまう。……この競技が終わると、ハーラーたちは激しい戦争の後のように頭を血だらけにし、骨折や脱臼をし、生命を縮めるような打撲を負うて家へ引きあげていく。しかしそれらはすべて満足のいくプレーであって、法務官も検死官もまったく心配したりはしないのである」。

〈ナッパン Knappan〉

この競技では「出場者の数が、時として二、〇〇〇人を越えることがあり、コーンウォール州の「ハーリング」と同じように、何人かの出場者は騎馬でプレーした。騎馬のプレイヤーは、「彼がやっと振り回せるほどの、長さ三フィート半もある大きな棍棒」を持ち、……

徒歩の連中のなかに馬を乗り入れて彼らを打ったり、また自分が一発くらうと見さかいもなく他人となぐり合ったりする。徒歩の連中も同様であった」。

〈サウス・カーディガンシャーのフットボール〉

この競技は、「昼頃になると貧富、男女を問わず教区の全員が通行税取立所付近の道路上に集まり、ボールが空中高く投げあげられることで開始された。教区の高地に住む人びとと低地に住む人びとというように分けられた二つのチームのプレイヤーは、このボールを奪い合い、ボールが山の上まで持ち運ばれれば高地側が、低地側の村はずれまで運ばれれば低地側が勝利者になるというものであった。教区の全域が競技場であり、勝敗の行方が決まるのが夕方になるということもあった。その間、プレイヤーたちのなぐり合い、蹴り合いはすさまじく、翌日は歩くこともできない村びとが多かった」。

〈ゴールへのハーリング Hurling to goal〉

コーンウォール州で行われていたハーリングには、先に述べた「郊外のハーリング」のほかに、「ゴールへのハーリング」というのもあった。

「この競技は、両チームから一五、二〇、あるいは三〇人くらいのプレイヤーが選ばれ、それぞれ横隊をつくり、手をとり合って相手チームと向かい合う。やがて両チームから一人ずつ前に進んで相手チームの一人と手をとり合い、ペアをつくる。互いにマン・ツー・マンの関係で相手を監視し、妨害するのである。

競技場は、二〇〇〜二四〇フィートの間隔にゴールとなる二本の棒を、八〜一〇フィート離して立てるだけでできあがる。

両チームの中央で、中立の立場の者がボールを空中に投げあげることから競技が開始され、プレイヤーの目的は、ボールを持ってゴールを走り抜けることである。だがこれを成功させるにはヘラクレス並みの怪力がいる。誰かがボールを手にすると、ペアをつくっている相手がそれを妨害し、ゴールに近づけまいとするからで、ボール保持者はこの相手をこぶしを固めて突き倒すことを許されており、この「バッティング」のうまさや強さが男らしさの象徴とされている。うまく一人を突き倒しても次の相手がやってくるし、二人目を倒しても三人目がやってくる。取っ組み合って身体の一部が地面につくか、屈服の合図である「ホールド」をいうまでは相手は容赦なく次々と襲ってくる。味方にボールを投げ渡すと、そのプレイヤーも相手と「バッティング」の応酬をすることになる。こうしてボール保持者による取っ組み合いが続けられながら、ボールをゴールに運びこんだ方が勝者である。このハーリングでは、二人が一人を攻めてはならないというルールがあり、「バッティング」は相手の胸部に対してだけ許されている。また「前方にいる味方にボールを送ってはならない」という、オフサイドと同じようなルールもあった」（ハーリングという競技はアイルランドでも行われていたが、これは小さく硬いボールをスティックで打つもので、フットボールの一種とはいえない＝引用者注）。

〈ラ・スール la Soule〉

ラ・スールはフランス、とくにイギリスに近いノルマンディやブルターニュ地方で、一二世紀頃から盛んに行われていたボール・ゲームで、M・マープルスによれば、イギリスのフットボールはこれが海を越えて持ちこまれ、変化したものであろうといわれる。[*6] B・ジレは、「（スールの）試合はその地方の守護の聖人の祭日に行われ、田園でも市中でも行われた。小川、生垣、塀などが試合に風情をそえた。チームを作るには、村と村とを対抗させたり、既婚者と独身者とを対抗させたりした。トーナメント（騎馬模擬戦）に出場する機会のない者は、スールに出場して猛烈な運動に対する趣味を満足させた。……（スールの）球の大きさは地方地方によって異なっていた。このボールを敵の陣地のきまった地点に持って行くか、二本の柱の間を通過させるか、或は紙で作った輪をくぐらせるかして勝負を争うのであった。……ブルターニュやピカルディにおいては、土地の風習によって一九世紀まで保存されていた。スールはラグビーとフットボールの先祖と看做すことができる」と述べている。[*7] このラ・スールは、一三一九年と一三六九年にフィリップ五世、シャルル五世によって禁止されたが、この点でもフットボールと類似しており、前記の二人の研究者が述べているように、このスールとフットボールは親近性が強い。

文化の伝播ということ

以上に述べたことから、人間はボールを足で扱ういろいろな遊びや競戯を多様に行っていたことが明らかで、しかも交通機関や通信手段が未発達で、人びとの移動の回数や範囲が小さく、また新聞や雑誌などによる情報も少なく、互いの交流や影響がほとんどなかったであろうと考えられるにもかかわらず、これらのボール・ゲームの間にはいくつかの類似性が発見される。

おそらくそれは、人類が同じような身体的条件――運動における可能性の類似――をもち、同じような感情的反応――喜怒哀楽における反応や表現の類似――をするからであろうが、それでもこれらの多くはその独自性を維持したり、独自な発展を創出したりすることができず、次第に消滅したり、保存会のような組織によって保存されるものへと変貌し、今日に至って、フットボールの世界選手権大会に参加するチームの数がオリンピック大会に参加する国の数を上まわるほどに、このスポーツだけが世界の人びとに愛好されるようになっている。一体、それはどうしてかという問題がここにある。

表現を換えていえば、たとえばメキシコで行われていたポカトクが、あるいはわが国で行われていた蹴鞠が、世界の人びとによって行われるようになってもよかったはずであるにもかかわらず、事実はそのようにならず、イギリス生まれのフットボールだけが世界の人びとによって盛んに行われるようになり、一〇万人を越える人びとを収容する巨大な競技場を満員にし、数億人の人びとをテレビの前に釘づけにするというようになっている。一体これはどうしてかということである。

そしてこの問題を、単純に、フットボールが誰にでも好まれ親しまれるような面白さや楽しさをもっていたからであるというように考えたり述べたりすべきではなく、何よりもイギリスが世界に先がけて資本主義国になり、その強力な植民地支配や帝国主義的膨張政策等によって巨大な支配地域と富を築き上げ、このような政治・経済的な優位性とそれを支える科学、技術、学問、思想、制度等々が、彼らの創出した文化財の文化的価値を高めていたということに注目する必要がある。たとえば、これをフットボールについてみれば、試合をするチームのプレイヤーの人数が同じであること、粗暴性が除かれていること、純粋に競技として行われることなどがその特徴で、これらは未分化な社会で行われていた運動文化にも含まれてはいたが、フットボールはさらにこれを押し進めた形態をもち、それを、遅れて資本主義国への道を歩もうとする国々や民族が、政治や経済の仕組みや生活の仕方と同様に受け入れざるをえなかったということである。

これは「文化の伝播」という問題であり、文化を伝える側と伝えられる側の関係の問題で、そこには「支配の争奪」という問題がある。いうまでもないことであるが、それぞれの国家や民族には土着の文化があり、その背後にはそれぞれの歴史と風土があって、このような土着の文化と外来文化との関係にはどの国家や民族にも共通することがらと、独自なことがらとがあって、これを簡単に論じるのはむずかしい。

たとえば夏目漱石は、一九〇四（明治三七）年の秋、東大の「陸上運動会」を見て、「どうしてあゝ無分別に走《か》ける気になれたものだろう」と小説中の登場人物にその感想を述べさせている（『三四郎』）。この運動会は、イギリス人教師、F・W・ストレンジの勧めと指導で一八八三年から行われるようになったもので、これが「外来文化の伝播、受容」の実例であることはいうまでもなく、漱石はこのようにしてわが国を「開化」していくのではなく、「開化」は「内発的」に行われるべきであると説いている。ところがわが国のそれは、「急に自己本位の能力を失って外から無理押しに押されて否応なしにそのいう通りにしなければ立ち行かないという有様になった」もので、このような「子供が背に負われて大人と一所に歩くような真似をやめて、じみちに発展の順序を尽くして進む事」が大切であると警告している。*8

さらに、このような外来文化の伝播、とくに近代ヨーロッパ文化の伝播は、「甲の国民に気に入るものはきっと乙の国民の賞讃を得るに極っている」という押しつけがましさや優越感をもっており、これが「間違っている」ということに気付くことと、「自己本位」を貫くことの大切さを知るべきであると指摘している。

漱石のいう「内発性」や「自己本位」と、筆者の年来の主張である「自国文化の自己変革」とは通底すると思っているが、これの実行は、とくにわが国の人びとにとっては非常にむずかしいことで、E・W・サイードはその原因を、ヨーロッパ人が、「東洋人《オリエンタル》の後進性に対するヨーロッパ人の優越を繰り返し主張し、より自律的に、より懐疑的に物事を考えようとする人物が異なる見解をとる可能性を踏みにじって」きたためであると述べている。*9 つまり東洋人は、漱石のいう「外発的な開化」の強要によって、国民的、民族的な規模で「自律的、懐疑的に物事を考える態度や能力」を喪失あるいは弱体化させられ、そのため「内発性」を大切にすることや「自己本位」を貫くことの重要性に気付かず、したがって文化の変革、創造もできなかったというのである。

このような主張とは反対に、自国文化とか自民族文化とかいうような思い入れの強い、尊大ぶった文化の捉え方をするから、その強制や反撥などが起こるのであり、世界の歴史はそのような事例に溢れているが、幸いにも「日本人は、高い質の外来文化を代償なしに、痛い思いをせずに手に入れる「幸福」を持った稀有な国民である」と増田義郎は述べ、「内発的な開化」や「自国文化の自己変革」というようなことよりも、「相対的な孤立と平和の中で、取り入れたものを消化し、「国風化」する」ことに努力し、外来文化のこのような「受容と安定した自己同質化のくりかえし」を進めていけばよく、「われわれは原初の時代から、そういうことをうまくやってきたのではなかろうか」と述べている。彼はこれを「ケロリ主義」と表現し、日本人は「(文化の)「急激な受容」期には、文化的な過去を惜しげもなく放棄し、忘れてしまう」ということを繰り返し、その一方で、「その時代の世界最高の、一流の文化を、あっさりチャッカリと、じぶんの便宜のために、じぶんの意志にしたがって、自由に、またよりどり見どりに取り入れ」てきたのであり、これからもケロリとして同じことを続けていけばよいのではなかろうかと述べている。[*10]

以上は、詳述の余裕がないまま、文化の伝播や継承に関する言説の、それもごく一部を紹介したにすぎないが、これだけのことからも理解されるように、文化の伝播、受容に関する問題は多岐かつ難解で、たとえば日本人がなぜ欧米生まれの、外来文化であるスポーツをしなければならないのかという問いは、容易に答えられそうで、実は非常にむずかしい問いであり、これが文化の伝播、受容に関する問題であることはいうまでもなく、オフサイド・ルールが「わかる」ためには、このような問いについても考えることが必要なのである。

注

＊1——『現代スポーツ百科事典』大修館書店、一九七〇年、二四二頁
＊2——J. Arlctt, "The Oxford Companion to Sports and Games", Oxford University Press, 1975, p. 332 以下
＊3——デズモンド・モリス著、白井尚之訳『サッカー人間学』小学館、一九八三年、一八八頁
＊4——大井邦明「「宇宙」の具現」——メソアメリカの球技
＊5——E・ダニング著、前掲書、二六頁以下
＊6——M. Marples, "A History of Football", Secker & Warburg, 1954, p. 8
＊7——ベルナール・ジレ著、近藤等訳『スポーツの歴史』文庫クセジュ、一九七一年、五七—五

八頁
*8――三好行雄編『漱石文明論集』岩波文庫、二六頁以下
*9――E・W・サイード著、板垣雄三・杉田英明監修、今沢紀子訳『オリエンタリズム(上)』平凡社ライブラリー、一九九三年、三〇頁
*10――増田義郎著『純粋文化の条件』講談社現代新書、一九六七年、二九頁以下（一部変更）

マス・フットボール

フットボール禁止令

フットボールということばは、一三一四年、当時のロンドン市長、ニコラス・ファーンドンがエドワード二世の名で公布した「フットボール禁止令」に、記録に残っている最初の用例としてあらわれる。[*1] おそらく民衆の間ではもっと早くから用いられていたのであろうが、それが記録として残されることがなかったため、この禁止令に用いられたのが最初の用例とされるのであろう。

この禁止令は、「公共の広場で多くの人びとがフットボールを行うことによって発生する大騒ぎが、神がお許しにならない多くの悪徳をはびこらせるがゆえに、私は国王にかわってこれを禁じ、以後、市中においてこれを行ったものを投獄する」という内容のもので、フットボールに興じる民衆の大騒ぎと、それを発生源とするいろいろな「悪徳」の防止を目的とするものであった。この禁止令の公布を最初にして、七六ページにも示したように、以後、一八四七年までに、わかっているだけでも四二回ものフットボール禁止令が布告される。[*2] これは、平均すると十数年ごとに禁止令が布告されたということであり、フットボール以外のボウリング、闘鶏、ダイス、テニス、狩猟などの禁止令も加えれば、民衆のスポーツや娯楽に対する禁止令は驚くほどのものになる。フットボール禁止令が布告された回数はロンドンがもっとも多く、一六回にも及んでおり、全体の三分の一弱を占め、次いでスコットランドのパースで六回、マンチェスター、ダービーで各三回、ケンブリッジ、オックスフォードの両大学でもそれぞれ二回ずつ布告されている。

これらの地域を地図上に求めると、スコットランドの一部とイングランドの中南部地方が多く、とくにこれらの地域でフットボールが「多くの悪徳をはびこらせる」と受けとられ、またそれほど荒々しく行われていたようである。禁止令布告の回数を世紀別に見てみると一五世紀がもっとも多く、ほぼ六年に一回の割合で布告されており、一六、七世紀がこれに次いでいる。この頃に禁止令が数多く布告されたのは、民衆がフットボールに熱中するあまり弓の練習を怠ると考えられたからで、「エドワード三世の時代（一三二七〜七七年）を通じて、フットボールは農民、職工、徒弟たちの間に広く普及し、そのため王国防衛に重要であった

主なフットボールの禁止令（1314～1847年）

1.	1314	Edward II	London.	
2.	1331	Edward III	〃	
3.	1349	〃	〃	
4.	1365	〃	〃	
5.	1388	Richard II	〃	
6.	1401	Henry IV	〃	
7.	1409	〃	〃	
8.	1410	〃	〃	
9.	1414	〃	〃	
10.	1424	James I (Scot.)	Perth.	
11.	1450	?	Halifax.	
12.	1454	?	〃	
13.	1457	James II (Scot.)	Perth.	
14.	1467	?	Leicester.	
15.	1471	James II (Scot.)	Perth.	
16.	1474	Edward IV	London.	
17.	1477	〃	〃	(2 directives)
18.	1478	Lord Mayor	〃	
19.	1481	James III (Scot.)	Perth.	
20.	1488	?	Leicester.	
21.	1491	James IV (Scot.)	Perth.	
22.	1496	Henry VII	London.	
23.	1540	Lord Mayor	Chester.	
24.	1546	The Corporation	Perth.	
25.	1570	The Bailiffs	Peebles (Scot.)	
26.	1572	?	London.	
27.	1574	Senate	Cambs. Univ.	
28.	1581	?	London.	
29.	1584	Senate	Oxford Univ.	
30.	1594	Town Council	Shrewsbury.	
31.	1608	?	Manchester.	
32.	1609	?	〃	
33.	1615	?	London.	
34.	1618	Kirk Sessions	Elgin (Scot.)	
35.	1636	Laudian Statutes	Oxford Univ.	
36.	1655	Court Leet	Manchester.	
37.	1660	Justices of the Peace	Bristol.	
38.	1679	Magdalene College	Cambs. Univ.	
39.	1704	Town Council	Jedburgh (Scot.)	
40.	1731	Lord Mayor	Derby.	
41.	1796	〃	〃	
42.	1847	〃	〃	
	(1319	Philippe V	"La Soule" banned in France.)	
	1369	Charles V		

（注）I.R.Moir の論文より

弓の練習がおろそかになり、フットボールに対する長くて無駄な抑圧が開始されることになった。この時以後イングランドでは、そして後にはスコットランドでも、王国防衛ということが、多くのフットボール禁止令（anti-football legislation）の公布を支える主要な理由になった」とマグーンは述べている。またエドワード四世も一四七七年に、「この国の法によれば、人びとはダイス、クォイツ、フットボール、およびその他の不法なゲームをすることを許されておらず、すべての強壮で健康な身体の持主は、この国の防衛が弓兵（bowmen）に大きく依存していることを心得て、弓射の練習に励まなければならない」と布告している。[*3]

このほかにも一四六七年にレスターで布告された禁止令は、ダイス、テニス、フットボールなどの「不法なゲーム（unlawful game）」を禁止するために、「建物、庭、その他の場所を提供した持主には四ペンス、これらのゲームを行ったものには六ペンスの罰金を課す[*4]」と述べており、王や領主、そして裁判所などが、いかにして民衆に弓の練習をさせ、その障害となっているフットボールや、その他の遊びや娯楽を禁じようとしていたかがわかる。

これらの禁止令が主たる対象としたのは、とくに懺悔火曜日（Shrove Tuesday）や聖灰水曜日（Ash Wednesday）、あるいは結婚式や子どもの洗礼式などの祭日や祝いごとのある日な

懺悔火曜日にフットボールを行った都市とその時代

Alnwick (Northumberland)	1788-Still Played.
Ashbourne (Derby)	1683- 〃 〃
Atherstone (Warwick)	1923
Beverley (Yorks.)	1825
Botriphnie (Banff)	1880
Bristol	1660
Bromfield (Cumberland)	1770
Bushey Park (Middlesex)	1815
Chester	1533-1540
Chester-le-Street (Durham)	1887
Corfe Castle (Dorset)	1551-1887
Derby	1746-1846
Kirkmichael (Perth)	1795
London	1642
Melrose (Roxburghshire)	1866-1900
Nuneaton (Warwick)	1881
Oxford	1622/23
Rothbury (Northumberland)	? -1867
Scarborough (Yorkshire)	1870-1886
Seascale (Cumberland)	1770
Sedgefield (Durham)	1827-1898
Shrewsbury (Salop.)	1601-1603
Devonshire	? -1785
Dorking (Surrey)	1857-1897
Duns (Berwickshire)	1724-1896
Epsom (Surrey)	1862
Glasgow	1573-1609
Hampton Wick (Middlesex)	1815
Hawick (Roxburghshire)	1760-1920
Ilderton (Northumberland)	? -1889
Inveresk (Midlothian)	? -1795
Jedburgh (Roxburghshire)	1704-1849
Kingston-upon-Thames (Surrey)	1790-1866
Kirby Grindalythe (Yorkshire)	? -1900
Skipton (Yorkshire)	1800
Stonyhurst (Lancashire)	? -1904
Teddington (Middlesex)	1815
Twickenham (Middlesex)	1815
Wales	1840-1884
Whitby (Yorkshire)	1876
Wooler (Northumberland)	1889
Workington (Cumberland)	1889
Yetholm (Roxburghshire)	? -1932

どに行われるフットボールで、これらは民衆の宗教行事として、また共同体の慣習的な行事として彼らの生活のなかに深く根付いており、そのためにたびたびの禁止令の布告にもかかわらず、これを消滅させることはできなかった。ここに示したのは、今日知りうる範囲内で

懺悔火曜日にフットボールを行っていた地方や町と、それが開始され、また中止された年代である。[*5] この一覧表の最初に記されているノーサンバーランドのアルンウィックとダービーシャーのアシュボーンでは、今日でも昔とほとんど変わらないフットボールが行われているという。「ここでは年に二回、懺悔火曜日と聖灰水曜日に試合が催されている。何百人もの人々がゲームに参加し、伝承通り数キロ隔てて設けられた二つのゴールのいずれか一つを目ざして、野を越え、川を渡り、街を走りぬけてボールを持ち込もうと競い合う」。[*6]

懺悔火曜日というのは、「四旬節（Lent）の第一日目である聖灰水曜日の前日で、精進に入るに先立って懺悔が行われた日」であり、またカソリック教国でこの日は、謝肉祭（Carnival）の最後の日としてお祭り騒ぎが行われる日でもあった。イギリスはカソリック教国ではなかったが、それでもこの日は「創造を象徴する小麦粉、健全を意味する塩、清浄を意味する牛乳」を用いたパンケーキをつくって食べる日とされ、正午のパンケーキ・ベルを合図に大騒ぎをする風習が受け継がれていた。とくに「徒弟や召使いたちにとってはレクリエーションのために使ってよい一日」であり、彼らは互いに友人を訪問したり、闘鶏やフットボールに参加したりした。マーカムソンも、「多くの地方でもっとも盛大にフットボールが行われたのは懺悔火曜日で、一九世紀の初期までの記録に残っているフットボールのほとんどは、街の大通りで行われるものであった」と述べている。

一八四〇年三月六日の『タイムズ』には、「ミドルセックスやサリーの西部地方のほとんどで、この懺悔火曜日に行われるフットボールが慣習として受け継がれており、毎年この日に、住民たちはこの「男性的なスポーツ(Manly Sports)」に一日のほとんどを費してしまう。それは町や村の空地(open spaces)だけでやるように制限されておらず、ボールは村びとたちによってほとんどすべての公道(the most public throughfares)上で追い回される。商店や住宅は慣習上からも閉鎖することになっており、窓は破壊を防ぐためにバリケードで防禦されていた。その他の地方には、このゲームを他の祭日に行うところもあった。デボンシャーではしばしば聖金曜日(Good Friday)に、ノッティンガムシャーのウァーキン

●19世紀初頭のストリート・フットボール

グトンやイークリングの年間最大のゲームは、復活祭期間中の火曜日（Easter Tuesday）に行われ、ランカシャーのカークハムでは昔からクリスマスに行われていた」[*7]と記されている。

ダービー市のフットボール

このように懺悔火曜日やその他の祭日に行われるフットボールのなかでも、先に述べたダービー市で行われていたフットボールはとくに盛大で、しかも当時行われていた「フットボールの一般的特徴を示すもの」でもあるので、以下ではこれについてもう少し詳しく紹介しておきたい。

形式上、このフットボールはセント・ピータースとオール・セインツという二つの教区間の対抗競技とされていた。しかし実際にはこれらの教区の周辺に住む人なら誰でも参加できたし、また町に住む人も、田舎から見物にやってきた人も、ともに大勢のなかにまぎれこんでプレーすることができた。仕事は午前中で打ち切られ、競技は午後二時に市場で開始された。それぞれのチームは一九世紀の初めごろで五〇〇人ないし一、〇〇〇人くらいであった。セント・ピータースのゴールはロンドンの方向へ約一マイルほど行ったところにある養苗畑（nursery ground）の入口の門で、オール・セインツのゴールは西の方一マイルのところにある粉ひき小屋の水車であった。試合ではいつも、セント・ピータース側はボールをダーウェント川のなかに投げこんで、川の中を歩いてボールを運んでいく戦法をとった。ゴールへは少しばかり回り道であったが、戦術的にはうまい方法であるということになっていた。少なくともセント・ピータースの方が水中で優勢である限り、そのままゴールの近くまでボールを運んでいき、それからボールを地上に移して最後の一戦を試みるのが上策とされていた。もしもオール・セインツの方が優勢であれば、ボールは暗くなるまでどこかに隠しておき、夕方になってからコルクの削りくずを焼いた黒い灰を顔に塗って目立たないようにしたり、誰かを女装させて、そのスモックかペチコートのなかにボールを隠して運んだりすることもあった。新しい戦法を考え出した者は仲間に大歓迎されたが、ある時などは町の下水道を通って、地下を運んでいこうと提案した人さえあった。最後にボールをゴールへ運びこんだ人は椅子の上に坐り、仲間にかつがれて街中を練り歩き、翌年のゲーム開始時にボールを投げ上げる栄誉を与えられた。[*8]

ここに「中世のレスター」の図[*9]を掲げたのは、右に述べたようなフットボールが町や村の全域を競技場にし、人びとがボールを追って「公道上」を駆けまわり、また川を利用してボールを運んだなどといっても、一体それがどのような市街地や田園地帯で行われたのかというイメージが湧かないのではなかろうかと思い、おおよそこの図のような地形のなかでプレーされたと考えてよいであろうと思ったからである。

中世のレスター

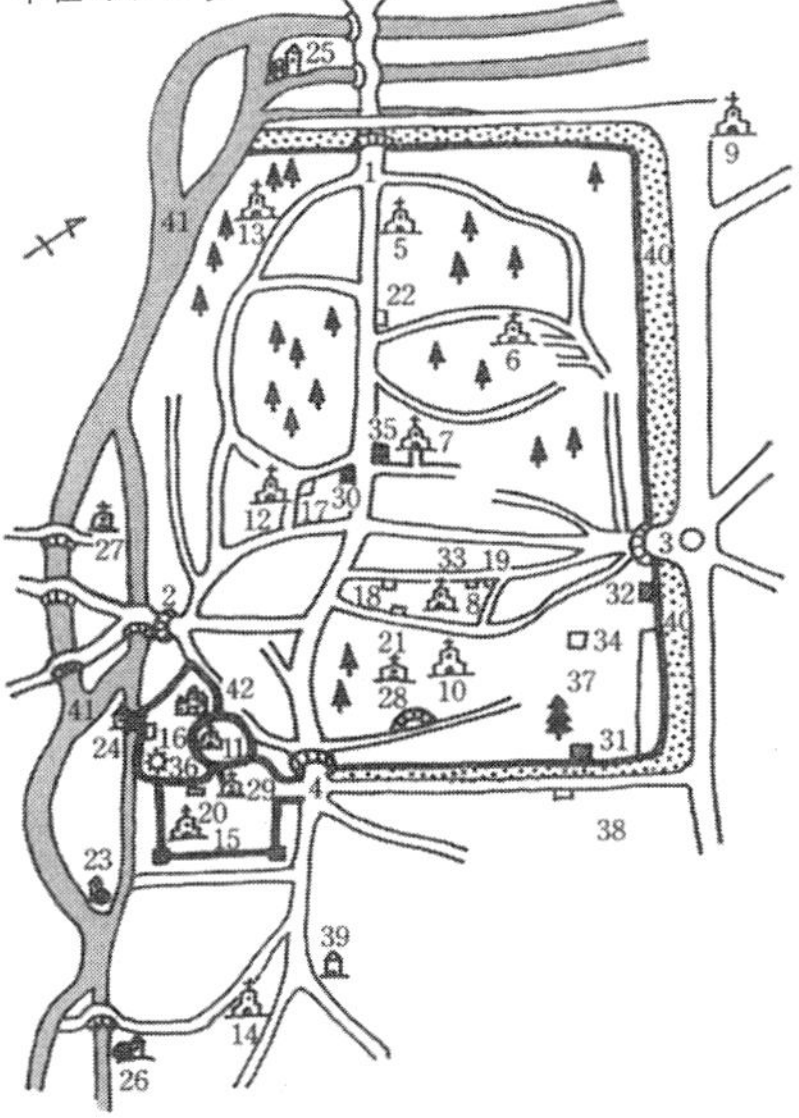

1〜4 市門
5〜15 教会
16〜19 ギルド・ホールなど
20〜22 病院
23〜26 水車（粉ひき場）
27〜29 修道院
30〜33 イン
34 屠殺場
35 グラマースクール
36 城山
37 土曜市場
38 馬市場
39 隠者の庵
40 堀
41 ソア川
42 城館

当時のダービー市の人口はおおよそ五千人程度ではなかったかと思われるが、もしそうであったとすれば、この図の「中世のレスター」とそれほど大きく異なっておらず、おそらくこの図の示している市門の外側をも含む広い地域を「競技場」にして、千人を越える人びとによって行われたのであろうと思われる。

しかし、市とはいっても至るところに森や林があり、小道や小川があり、街路に沿って民家、教会、学校、市場などがそれぞれ小さな集落をつくって建ち並び、ボールを持ち、またそれを守ってゴールへと進む人びとは、それこそ怒濤のような足音をたててこれらの通りや畑のなかを駆けぬけていったであろうし、またそれを防ぎ、ボールを奪いとろうとする人びとも同じように小川を渡り、民家の菜園を駆けぬけ、垣根をとび越えて駆けまわったことであろう。ボールの行方とかかわりなく相手と取っ組み合い、なぐり合っていた人もいただろうし、それをはやしたり野次ったりする見物人も道に溢れていたことであろう。街路沿いの家々は嵐のような群集が通り過ぎていくのを待ったであろうが、夕方まではボールを追って何度となく路上を往き来する人びとの騒ぎで落ちつくひまもなかったことであろう。

これと同じようなフットボールがダービー市だけではなく、その他の都市や農村でも多様に行われていたであろうということは先の禁止令の多発からも十分に推察される。

　ダービー市のフットボールについては、ハーリングやナッパンのように騎馬のプレイヤーがいたとは記されていないし、大きな棍棒を振りまわしたとも記されていない。そういう意味では、都市型のフットボールへと脱皮しつつあったともいえなくはないが、しかし競技の基本的な形態としては大同小異といってよく、競技場の設定、参加人数や参加の仕方、競技の方法などに大きな相違はないといえる。それは、後代の人びとがこれをマス（大集団）・フットボールと呼び、またストリート・フットボールとも、モッブ（mob＝暴民）・フットボールとも呼んだように、村や町の老人、子ども、女性以外の、すべての人びとが参加する大規模なものであった――ところによっては既婚女性対未婚女性のフットボール対抗戦も行われた。もちろんこれらすべての人びとが常に一個のボールに群がっていたわけではなく、あらかじめ木陰に隠れて相手を待ち伏せている人もいれば、ゴール付近で守りを固めている人もおり、味方を呼び集める仕事を分担している人もいれば、居酒屋でビールを飲んでひと休みしている人たちもいるというような参加の仕方であった。いずれにしても彼らにとって大切なことは、勝利を得ることももちろんであるが、それ以上に、「祭り」としてこの競技を楽しむことで、そのためこれを短時間に終わらせてはならず、それは、昔から双方のチームが暗黙のうちに了解し、互いに守らなければならない重要な約束ごとで、後述することであるが、オフサイド・ルールが生まれてくる原因はここにあるということができる。

注

＊1――F. P. Magoun, "History of Football from the Beginnings to 1871", V. H. Pöppinghaus, 1938, p. 5

＊2――I・R・モア、前掲論文

＊3――F・P・マグーン著、前掲書、一四頁

＊4――同上書、一三頁

＊5――I・R・モア、前掲論文

＊6――D・モリス著、前掲書、一四頁

＊7――R. W. Malcolmson, "Popular Recreations in English Society 1700-1850", Cambridge at the University Press, 1973, p. 36

＊8――同上書、三七頁

＊9――角山榮・川北稔編『路地裏の大英帝国』平凡社ライブラリー、二〇〇一年、一一頁

祭りとフットボール

フットボールの悪徳

E・ダニングらは、マス・フットボールが「儀式化された年に一回行われる民俗競技(ritualized annual folk contests)」であったと述べている。[*1] この指摘は、数多く布告されたフットボール禁止令のほとんどが、「年に一回」だけ行われるマス・フットボール、とくに市中の路上をも競技場にしてしまうストリート・フットボールをその主たる対象にしていたことを明らかにしている。マス・フットボールは、すでに見てきたように、その多くが懺悔火曜日か聖灰水曜日などの祭日に、この日を祝い、また喜びをともにする目的で村びとたちが行ってきた地域共同体の宗教行事であり、したがって禁止令は、この長い伝統をもつ宗教行事を禁じようとする意図をもつものであった。わずか「年に一回」だけのことであり、しかも宗教行事であるにもかかわらず、国王や市長たちはなぜこれを禁止しようとしたのであるうか。

というのは、このマス・フットボールが「激しい戦いのあとのように頭を血だらけにしたり、骨折や脱臼をしたり」するような、あるいは「時によって五〇〇人もの素裸の男たちが一団になってなぐり合っている」ような「競技」であったとしても、それが一カ月に一回とか二回とかの頻度で実施されていたのであればともかく、事実はそうでなかったのであり、そのような住民の楽しみを禁止令を公布してまで奪う必要がどこにあったのだろうか、ということを考えさせられるからである。また、このような禁止令を公布するまでもなく、人口の大部分を占めていた農民、職工、徒弟たちは「一日に十三時間ないしそれ以上も続く前機械時代の厳しい骨の折れる労働」に追われていたし、「ワートリーあたりではどの農夫も毎朝家畜とともに三時に起きるそうだ」[*2]などと記されているほどに早朝から働かなければならず、おそらくそれが終わったあとの数日間は仕事もできなくなるようなマス・フットボールを日常的に行う余裕は、身体的にも経済的にも、また心理的にもなかったと思われる。そのような人たちがようやく「年に一回」か、あるいは数回を越えることはないマス・フットボールをする楽しみをなぜ禁じる必要があったのかということを考えざるをえないからである。

一六〇八年と翌年に、マンチェスター市の領主裁判所は次のようなフットボール禁止令を布告した。

「これまでわがマンチェスター市においてフットボールをする人びとは市中に大きな混乱をもたらし、またこの市の大通りでフットボールを用いて不法なプレー(unlawful exercise of playinge with the footbale in the streets)をする卑俗な大騒ぎによって窓や窓ガラスが破壊され、毎年、住民はその修理に多額の経費を支出し、ひどい迷惑を蒙っている。よって本法廷は、このマンチェスター市のいかなる通りにおいてもフットボールをしたり、フットボールを使用したりする(shall playe or use the ffootebale in any streete)ことを禁じ、これに違反した者すべてに一二ペンスの科料を科すものとする」と。[*3] この禁止令が述べているように、マス・フットボールが市中に「大きな混乱(greate disorder)」をもたらし、「窓ガラスが破壊(glasse windows broken)」されるような被害を生み、それを修理する商店や住宅の人びとの費用がかさむということはあったであろう。しかし、この懺悔火曜日は、伝統的に「謝肉祭《カーニバル》の最終日としてごちそうを食べたり、お祭り騒ぎが行われ」たりする日であり、また長い冬の間、寒い北風と雪や氷に閉じこめられていた人びとが、やがてくる春を迎えるにあたって、「騒がしく踊れば踊るほど、大地は豊かに稔る」と信じ、「自然の目覚めと躍動を迎え入れる人間自身の躍動と喜び」を表現する祭日でもあって、[*4] いわば官民ともに喜び、祝ってよい日のはずであった。しかし既述のように、いくつかの都市ではこれを禁止しようとした。一体それはどうしてであったのだろうか。そしてそれは、一三一四年にロンドン市長がいみじくも述べたように、そこから「多くの悪徳が生じる（Many evils may arise）」と判断したことにあったといってよい。では、その「悪徳」とはどのようなものであったのか。

一七六八年七月一日、イングランドの中東部にあるリンカーンシャーのオランダ沼と呼ばれている地方で、二〇〇人あまりの住民が二時間近くもの一大フットボール競技を展開した。このフットボールは、この地方一帯の「囲い込み」に対する抗議を目的とするもので、これに加わった人たちは耕地を荒らしたり、池の堤防を切り崩したりした。そこで、近くのボストン市から騎馬兵が出動し、付近のジェントルマンとも協力して四、五人を捕らえ、スポルディング市に連行して投獄したが、近くに住む医師が彼らの釈放に尽力し、三人の女性を含む住民は無事に釈放された。ところが、これらの住民はそれから二週間後の一五日に、そしてさらに二九日にも同じようにフットボールを行った。しかしこの時には、もうこれを鎮める兵士もジェントルマンもやってはこなかったという。[*5]

仲間が逮捕され、投獄されても、なお抗議の意志表示としてフットボールを行うというのは、この時の「囲い込み」が、よほど強圧的に、しかも住民の意志を無視して行われたものであることを物語っている。また、マーカムソンも次のような事例について述べている。「このスポーツは、しばしば人びとの抗議の意志表示をカムフラージュするために行われた。沼沢地方では囲い込みや排水路づくりに抗議するため、人びとはフットボールをするという口実で集まった。イーリーの町でも、一六三八年六月、囲い込みに対する抵抗を目的として、キャンプボールをするという口実のもとに数百人が集まり、ゲームをやりながら排水溝を破壊してしまった。……またフットボールは、これとは異なる目的で行われることもあった。一七四〇年に起こった食糧暴動がそれである。ノーサンバーランドの書記官あてに送られた報告によると、千人近い人びとがフットボールの試合と称して暴れまわっている。しかし彼らの本当のねらいは、ベティ・ジェスミン嬢の粉ひき小屋を引き倒すことにあるようだ、と。また一七六五年の『ノーザンプトン・マーキュリー』紙は、八月一日と二日に当地で起こったことは十分に報道する価値のあるものだと信じる。この両日、多くの〝ジェントルマンと彼らに好意をもつ人びと〟が、ヘイドンの耕地でフットボールを楽しみ、その後、居酒屋で大いに気焔をあげていた、と。そして翌日の同紙はさらに、これらの興奮した暴徒たちは、同地を囲い込んだ垣根を破壊したうえに、これを燃やしてしまい、かなりのダメージを与えたようである[*6]」。

愚者とフットボール

これらの事実からわかるように、マス・フットボールは、住民たちの不満、抗議、抵抗などを結集したり、表現したりする手段ともなり、そのゆえに「モッブ（mob＝暴民）」・フットボールとも呼ばれた。

したがって為政者にとってマス・フットボールは、常に油断のならないものであり、宗教行事として「年に一回」程度行われるものであっても、いつそれが、施政への批判や統治への抗議の暴力集団に変貌するかもしれないという不安を抱かせるものであった。

Y・M・ベルセは、「祭りの続く期間は一代の治世となるのである。楽しみに興ずる共同体は、その頭に王をいただく一つの王国となる。しかしこの統治も王国も、また国王も、道化のそれであって、笑いのために設けられたものにすぎない。……この種の祭りがもっとも激しく、もっとも華やかに行われている瞬間、その共同体にはまたたくのうちに団結と統一が生れ」[*7]、このような「団結と統一」のなかで「現実世界の秩序を革新し修正するのではなく、現実世界を裏返す」ような「ひとつの秩序としての反秩序」の時間と空間をつくり出し、「規範的理性やそれによる日常的諸制度を完全に休止させることによって、何時間かあるいは何日間かの間、不条理な行為が自由にできるように」する、と述べている。[*8]

「祭は、参加する飲み騒ぐ人すべてが漠然としかしていない経路で、あたりに満ちている愚かしさに」感染する、普遍的無礼講の時である」[*9]（傍点引用者）と述べたのはE・ウェルズフォードであるが、まさしくイギリスの国王、市長、領主たちがおそれたのは、住民たちが、いつ、「あたりに満ちている愚かしさに感染する」かわからないということであったし、それが「現実世界の秩序を革新し修正する」ほどの展望や武装した理論をもつものではなかったとしても、既存の秩序に対する「反秩序の時間と空間」をつくり出すかもしれない彼らの「団結と統一」は無視することのできないものであった。マス・フットボールを禁じようとした根本的な動機や理由はこのようなところにあったと考えられる。

仮面をつけること、顔を黒くすること、男性が女装することなどは、祭りにおいて人びとが自分以外の人になることであり、また「愚者」を装うことであった。人びとは「愚者」＝「道化（fool）」を装うことによって一方で祭りの雰囲気を盛り上げたが、同時に、他方で「愚者」として振舞う者たちに許された自由と無法の権利を行使する可能性を留保していた。

この「愚者（fool）」という用語がボール（ball）という用語と内的関連があるということについては後述するが、そのような意味上の関連のあるボールを追って人びとが「愚者」を装いながら狂気のように荒れ狂うマス・フットボールをすることが「悪徳」と考えられたのである。

仮面をつけたり、扮装したりすることは、そうすることによって、そこにあらわれる人間は当の本人ではないということを表現する。だが同時に、人間はそうすることによって、むしろ自らの「素顔」や「本音」を表現するものでもある。日常生活のなかで、通常は隠蔽し、抑圧している自らの「素顔」や「本音」を、自らではないとする「仮面」によってより強く表出するのである。仮面や扮装はそのための道具であり手段であって、視点を換えていえば、仮面や扮装によって現実世界のなかに非現実の時間と空間をつくり出し、そのなかにあるべき「現実」＝「日常」をつくり出そうとする意図が常にフットボールのなかに潜在していたといってよいであろう。近代スポーツの特徴のひとつとして、それが非日常的な時・空間で行われる――だからそこでは物質的利益を得ようとしてはならない（これがアマチュアリズムの核心となる）とされる――ということがあげられるが、こうした近代スポーツへの転換の萌芽を、仮面や扮装によってつくり出す非日常的時・空間においてフットボールを行うという行為のなかに見出すこともできなくはない。

また仮面をつけ、扮装をして、宗教行事として行うマス・フットボールに参加するということは、そこにつくり出される非日常的時・空間が、神と人間の共存する場であると考えられていたのではなかろうかとも思われ、もしもそうであるとすれば、現実世界は神ならぬ国王や領主の支配する俗なる時・空間であり、したがって非日常的な時・空間こそが真であり、聖であり、またそうであるからこそ人間的であると考えられていたのではなかろうかとも思われる。したがって、仮面をつけ、扮装をし、「愚者」＝「道化」として振舞うことは、人びとにとっては重要な意味のある行為であり、かつては仮面をつけ、扮装して行った自らの「素顔」や「本音」の表出を、後には「祭り」の日以外にも、仮面をつけず、扮装もせずに行い、それを自らの「素顔」や「本音」を表出する手段や時や場所であると考えて、囲い込みや食糧高騰への抵抗や抗議の意志表示として行ったのではないだろうか。

ところで、先にボールという用語は「愚者（fool）」ということばとその意味において内的関連があると述べた。言語学の専門家ではないため、これを深く掘り下げて論じられないのが残念であるが、手近の辞書でも知りうる範囲のこととして、以下ではこれについて若干の考察を述べておきたい。

ボールという用語には、丸いという意味もあるが、もうひとつ、その内部が空洞という意味もある。オックスフォード大辞典には、「もしもボールということばがもともと古代チュートン語であったとすれば、それはラテン語のフォル・イス（foll-is）と同種といってよく、これは「息を吹きこむこと、あるいはふくらますこと」を意味する」と記されている。このフォル・イスということばは古代ローマ人がイギリスに伝えたといわれるフォリス（follis）というボール・ゲームの名称とほとんど同じといってよく、マープルスも、フットボールは小さく固いボールでプレーしたハルパストウムの変化したものではなく、そのなかに空気を詰めた、軽くて大きいボールを用いたフォリスの変化したものと考えるのが妥当であろうと述べている。[*10] こうして「息を吹きこむ」という意味のことばであるフォル・イスと、ボール・ゲームの名称であるフォリスと、そしてボールという三つのことばが非常に近い関係にあるということがわかってくる。一方、フォリスということばは「ふいご（bellows）」をも意味し、これはラテンの俗語として「頭の中が空っぽの人物（empty-headed-person）」、すなわち愚者＝フール（fool）と通じ、このフールはまた「道化」を意味することばでもある。

こうしたことばの意味の結びつき、あるいは親近性は、少なくとも今日の人びとよりは中世や前近代に生きた人びとにより鮮明に理解されていたのではなかろうか。もしそうだとすれば、ボールということばは、そしてそれを用いて行うフットボールもまた、少なくとも今日以上に「愚者」＝「道化」に通じ、またそれが伝統的に彼らに許されていた自由と無法の権利の行使に通じるということも知っていたのではないかと考えられる。だとすれば、仮面をつけ、扮装をした村びとたちが、祭りの日の「普遍的無礼講」のなかで「愚かしさに感染」したふりをしつつ「素顔」の己れを表出し、非日常的な「一つの王国」をつくり出そうとしたことも理解できるように思うのである。そしてフットボール禁止令は、まさにこのような「王国」の創出を禁じようとするものだったのである。

注

＊1――E・ダニング著、前掲書、三〇頁
＊2――G・M・トレヴェリアン著、藤原浩・松浦高嶺共訳『イギリス社会史(1)』みすず書房、一九七一年、二二九頁
＊3――P. M. Young, “A History of British Football”, Stanley Paul, 1969, p. 36
＊4――植田重雄著『ヨーロッパ歳時記』岩波新書、一九八三年、九六頁
＊5――M・マープルス著、前掲書、八五頁
＊6――R・W・マーカムソン著、前掲書、三九―四〇頁
＊7――Y・M・ベルセ著、井上幸治監訳『祭りと叛乱』新評論、一九八〇年、四四、八八頁
＊8――同上書、六一―六二頁

＊9――E・ウェルズフォード著、内藤健二訳『道化』晶文社、一九七九年、七五頁
＊10――M・マープルス著、前掲書

「フット」・「ボール」

フット・アンド・ハンド・ボール

フットボールという名称は、このスポーツがボールを足だけで扱うボール・ゲームであるかのような印象を与える。ところがサッカーはともかく、その他のラグビーやアメリカン・フットボール、あるいはオーストラリアン・フットボールやカナディアン・フットボールなども、フットボールという名はついているものの、そのゲームはボールを足で扱うというよりは、むしろ手で扱うプレーの方がより大きく全体の流れを主導しているといってもよいほどに「フット」ボールという名称とは矛盾するプレーを中心にしているし、またそれが攻守に重要な役割を果たしている。一体、ボールを手で扱うプレーを含んで成り立っているボール・ゲームでありながら、なぜこれを「フット」ボールというのであろうか。

一八六三年に統一ルールを制定したアソシエーション・フットボール（サッカー）は、その後ゴール・キーパー以外のプレイヤーがボールを手で扱うことを禁じるルールを制定するが、すでに見たように、これ以前の、古くから伝えられてきたフットボールの多くは、マス・フットボールがそうであったように手の使用を禁じていなかったし、むしろボールを手に持って運び、かつ奪い合うプレーの方が優先していたといってよい。にもかかわらず、その名称は「フット」ボールであった。一体、それはどうしてであったのだろうか。

フットボールという名称は、既述のように一三一四年の禁止令で初めて公的に用いられたが、すでにこれ以前から多くの人びとに知られていたと思われ、その時にも、このボール・ゲームは手でボールを扱ってもよいものであった。果たしてフットボールは、ボールを足だけで扱う時代をその歴史のなかに刻みこんでいるのであろうか、それとも、もともとフット・アンド・ハンド・ボールだったのであろうか。

この問題に接近するひとつの視点として、フットボールとは、最初、ボールの名称であったのか、それとも遊びの名称であったのかという問題が設定できる。しかし、これへの解答もまた歴史の彼方にかすんで、しかとは見定めがたい。

マグーンは、一六世紀の田園詩人、アレクサンダー・バークレーのつくった次のような詩を紹介して[*1]、このような農民の労働や生活のなかにフットボールという名称の根拠が求められるのではなかろうかということを暗示している。

どのような時も季節もそれぞれに歓びや愉しみがある。
実りの秋、子どもたちは楽しさにあふれ、歌い、とびはねる。
春は、誰もがもっとも忙しい季節。
そして、いまは厳しい寒さの冬。
しかしこの冬にさえ歓びと愉しみがある。
大人たちが肥った豚を殺すのに忙しく働いている時、
子どもたちは家族とともにするおいしい御馳走を夢みて、喜びに胸をふくらませる。
殺した豚から膀胱を取り出すと、
その皮が薄くなるほどふくらませ、
中にそら豆やえんどう豆をたくさん詰め、
それを空高く投げあげる。
それはからから、かたかたと音をたて、透き通るように光る。
足や手でその膀胱を打ち合い、蹴り合う時、心は充たされ、歓びは高まる。

地面に落ちると、ふたたびそれは空へ向かって投げあげられる。
こんな繰返しを誰も苦しいとは思わない。走りまわり、跳びはねて、寒さを追い払ってしまうのだ。
元気で、精力的で、力強く、たくましい農夫たちは、こんな〝フットボール〟をして、つらい仕事も、ころんだ痛さも忘れて、厳しい冬をしのいでいく。

この詩は農民やその子どもたちの労働や休息、遊びや喜びをうたったものであり、仕事の合間に、彼らの労働の産物でもある「豚の膀胱」をふくらませ、それを蹴り合ったり、投げ合ったりした「ボール遊び」の様子を描いており、このボールが、またこのボールを用いる遊びが「フット」ボールと名付けられてもおかしくはない情景を伝えている。

イギリスの農民や子どもたちは、少なくとも一六世紀以前にも、このようにして豚や牛の膀胱を取り出し、それに息を吹きこみ、豆を詰めて蹴り合い、投げ合う「ボール遊び」を楽しんできたのであろう。おそらくフットボールという名称の由来、起源はこのようなところに求められるのではなかろうかと思われる。

●豚の膀胱をふくらませる

「膀胱」のボール遊び

ところでこの詩は、以上のほかにもいくつかの重要なことがらを示唆している。

その第一は、ボール遊びの道具として「膀胱」を用いるということである。動物の、とくに豚や牛の膀胱が用いられるよりも古い時代のボールは、羽毛や獣毛、あるいは布や枯草などを丸め、それを皮で被《おお》ったものであったり、木を円《まる》くけずったのを芯にしたりしたものがほとんどで、これらは硬くて、しかも小さいのが普通であった。

一方、「大きいボール」を蹴ったという記録は一五世紀になるとあらわれてくる。「おそらく一四八一年から一五〇〇年の間のことだろうと思われるが、……ニューアークの近くのコーントン村に住むウィリアム・バートラムは、ゲームのなかで、長い間ボールを蹴り続け、その痛さに耐えた。……村びとたちがレクリエーションとして行っていたこのゲームはフットボール・ゲームと呼ばれ、彼らは大きなボール(huge ball)を、手で空中に投げるのではなく、足でそれを蹴り、地面をころがした」と。[*2] この記録に記されている「大きいボール」が、動物の膀胱でつくったものであったのかどうかははっきりしない。これとほぼ同じ頃の一五一九年に、イートン校の校長が書き残したもののなかに「われわれはふくらませたボールを蹴る(a ball inflated with air to kick)スポーツをしている」という記述があり、このスポーツは「パッセージ・フットボール(passage football)」と呼ばれていたという。[*3] これらの事実から、この頃になると「ふくらませたボール」を足で蹴る遊びがかなり広く普及していたらしいことが読みとれる。

一八世紀にイギリスを旅行したフランス人のセザール・ド・ソシュールは、家族にあてた手紙のなかで「(この国の)人びとは、通行人に非常に迷惑なフットボールという遊びを行っている。このゲームは、空気を詰めた皮のボールを足で蹴り合うもので、寒い日に二〇人くらいの暴れん坊どもが路上でボールを蹴り合って窓ガラスをこわしたり、乗合馬車の窓にボールをぶつけたりしている。(もしもあなたたちがここにいれば、彼らは)何の後悔もなく、というよりは大笑いをしながらあなたたちをノック・ダウンさせてしまうだろう」と伝えている。[*4] この手紙の内容から、一八世紀頃にもなると、「空気を詰めた皮のボール」の使用はかなり一般化していたと考えられる。

『トム・ブラウンの学校生活』のなかにはボールに関する記述が数箇所出てくるが、そのひとつに、「ドサッ、ドサッという鈍いボールの音が聞えてくる（you hear the dull thud thud of the ball)」と述べた箇所があり、このボールが軽くポンポンと弾むように表現されていないことから、少なくとも当時のボールが今日のゴム製のボールのようには弾まなかったらしいことが推定できる。しかし、これが動物の膀胱をふくらませて、それを皮で被ったものであったのかどうかということになると、正確なことは述べられていない。もう一箇所は「パンタバウトは練習用のボールである（the punt-about is the practice ball)」と記されているところで、このことから、試合用のボールと練習用のボールが区別されていたらしいことがわかる。しかし、この二種類のボールがどのように違っていたのか、単に新しいとか古いとかいう程度の区別だけであったのか、それともボールの構造や材質が違っていたのかなどということになると、T・ヒューズは何も述べていない。一八四六年に改訂されたラグビー校のフットボール・ルールの第三三条は、「ビッグ・サイド（ラグビー校のグラウンドの名称。当時のラグビー校には、リトル・サイド、オールド・ビッグ・サイド、ニュー・ビッグ・サイドと名付けら

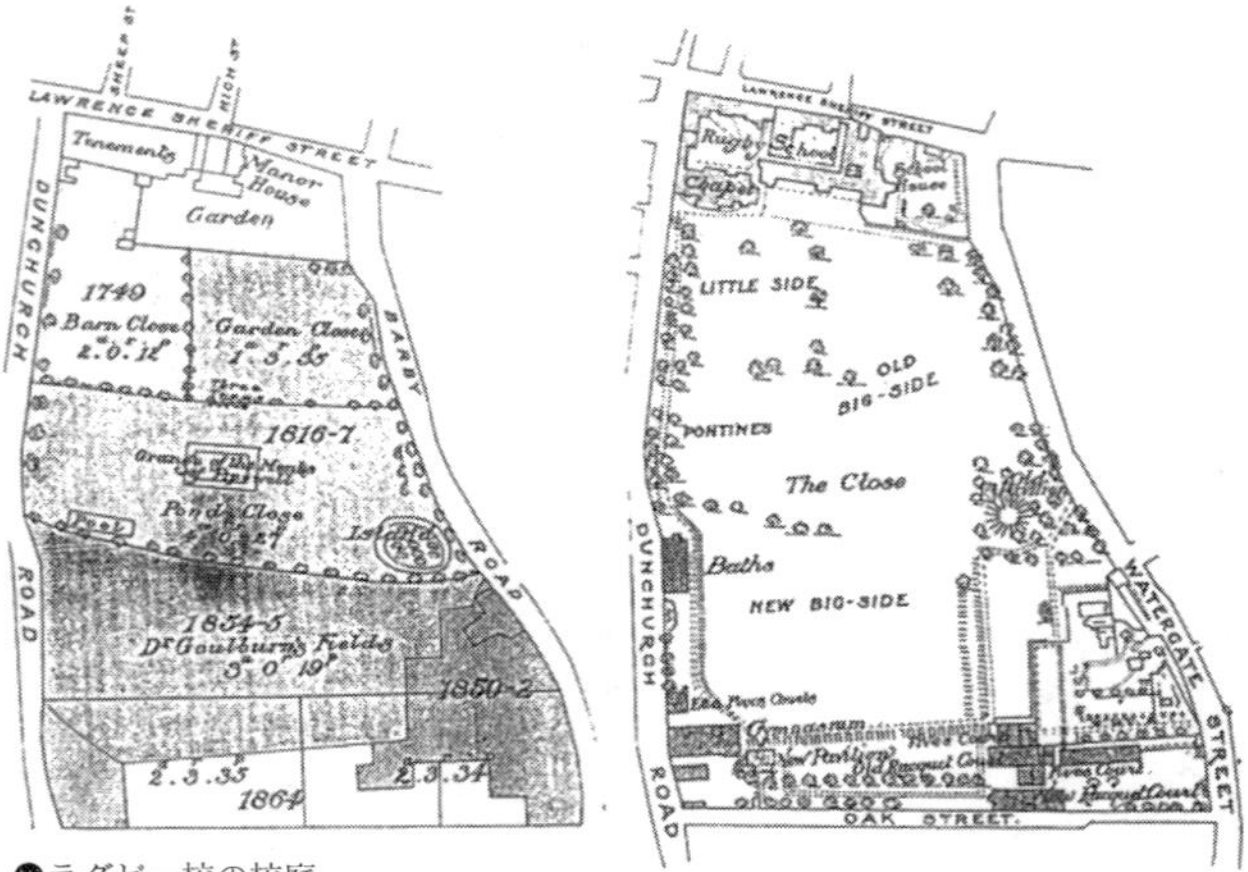

●ラグビー校の校庭

れた三面のラグビー・グラウンドがあった）で試合が行われる時には、常に二つのビッグ・サイド・ボールを用意しておかなければならない」と規定している。しかし、このボールがどのようなボールでなければならないかということについては何も規定していない。試合に際して常に二つのボールを用意しておかなければならないと規定していたことと、モリスが「ボールは豚や牛の膀胱を空気でふくらませてつくったが、いたって破裂しやすかった[*5]」と述べていることとを合わせて考えると、練習用の「パンタバウト」は別として、試合用のボールは、予備のものも含めて、動物の膀胱でつくられたものではなかったかと推定される。いずれにしても、牛か豚の膀胱を皮で被ったボールを実際に蹴ったり、バウンドさせてみたりすることができない現状では、T・ヒューズのいう「ドサッ、ドサッ」というのがどの程度のバウンドであるのかということは確かめようがない。

ちなみに、ゴム製の中袋を皮で被ったボールが使われるようになるのは一九世紀の終わり頃（ガッター・パーチャーと呼ばれる粗悪なゴムを用いたゴルフ・ボールが使われたのは一八世紀の中頃である）、一八八八年にダンロップが空気入りのゴムタイヤを発明して以降のことであろう。したがって、それまでのボールは動物の膀胱を用いたと考えられる。

一八六三年に結成されたフットボール協会のルールも、二〇年後の一八八三年になってようやく「ボールの周囲は二七〜二八インチでなければならない」とその大きさについて規定するが、しかしその材質等については何も述べていない。

血の匂いとともに

先述のバークレーの詩に関連してもうひとつ触れておきたいのは、このボールを得るためには一頭の豚か牛を殺さなければならず、その膀胱は血まみれだっただろうということである。生きた豚や牛から膀胱だけをうまく切りとることができたのか、それとも肉片や腸間膜などが付着しているようなことはなかったのか。もしも後者のようなこともありえたとすれば、まさにそれは血にまみれた膀胱を蹴り合い、投げ合ったということになり、そのような遊びを楽しんだという神経は、農耕民族の持ちえない、相当に強靭なものであったといえるだろう。さらに、これもまた想像の域を出ないことではあるが、もしも遊びの最中に強く蹴りすぎたり、石や木にあたったりしてこのボールが破裂するようなことでもあれば――D・モリスは、このボールは「よく破裂」したと述べている――、さらにもう一頭の豚や牛が殺されることになる。このような殺伐として荒々しく昂った精神状態でプレーされるボール・ゲームが、したがってまたその延長線上にあるマス・フットボールや、さらにはすべてのフットボールが、荒々しく粗暴であるのも理由のないことではないように思われる。今日、わが国ではフットボールを格闘技であるなどといい、フットボールに対する見方や考え方を変える必要が強調されているが、このようなフット「ボール」の発生にかかわる事実を知ってみれば、農耕民族が先祖といわれるわれわれに、フットボールを格闘技と思わせるのはいささか無理なことかも知れないと思われる。

そしてさらに、膀胱を手に入れるために――もちろん主たる目的は食料の確保であったとしても――一体どのくらいの豚や牛が殺されたのであろうかというのも気になることである。

一説によれば、このボールは皮で被われることによってかなりの期間その弾性を保持したともいわれるが、果たして生体から切り離された膀胱が、どのくらいの期間、その弾性を保ちえたのであろう。もしもそれが今日のゴム製のボールほどではなく、比較的短い期間にその弾性が失われて「よく破裂した」とすれば、フット「ボール」のために屠畜される豚や牛が常にグラウンドのそばに用意されていなければならず、フットボールは、まさに血の匂いとともにあったということになる。

シュルーズバリー校の校長だったバトラー博士は、「フットボールは屠畜者の子どもたちだけに似合っている (football was only fit for butcher boys)」といったといわれる。[*6] このbutcher を現代的な感覚で店頭にスライスした肉を並べて売っている商店主とみればそれほどの違和感はないが、バトラーがこのようにいったのは、彼が校長として在任した一七九八年から一八三六年の間のことであり、この時代の肉の売買は屠畜者自身が直接に行っていたと考えると、フットボーラーたちは屠畜者としての一面をもっていたといえなくもない。事態をこのようにとらえるのは誇張が過ぎるし、フットボーラーのすべてが屠畜者であったなどというつもりもない。

しかし、切りとった動物の膀胱をフット「ボール」として用いた事実を否定することはできないし、動物を殺して膀胱を切りとるという行為が人の心を昂らせることも否定できないであろう。そして、このような興奮した心理状態のなかで行われるフットボールが荒々しく粗暴になるのも無理のないことであり、そのような心理や技術を伝統として受け継いだものであるがゆえに、「紳士的行為」の厳守をルールのなかに明記しなければならなかったのではなかろうかとも思われる。

注

＊1――F・P・マグーン著、前掲書、一九頁
＊2――同上書、一四頁
＊3――I・R・モア、前掲論文
＊4――P・M・ヤング著、前掲書、五四頁
＊5――D・モリス著、前掲書、一二頁
＊6――P. C. McIntosh, "Physical Education in England since 1800", Bell & Sons, 1968, p. 25

空地のフットボール

「自然」なプレー

以上に述べたことで、近代初期までのフットボールがどのような条件下で、どのように行われていたのかということについての概略は理解されたであろう。これを今日のフットボールと比較してその特徴をひと言でいえば、この時代のフットボールは極めて「自然」にプレーされていたということができる。言い換えれば、今日のフットボールは、そしてその他のスポーツもまた、非常に多くの「禁止事項」や「反則規定」によって、プレイヤーが「自然」にプレーすることを制限しており、それだけ人為性、あるいは人工性の程度が進んでいるということである。

このような人為性、人工性が顕著な今日のフットボールと比べて、この時代のフットボールは参加者が極めて自由に振舞っていたところに大きな特徴があった。

マス・フットボールに参加した若者たちは、ボールを手にするや否や、渾身の力をこめて相手をかきわけ、つきとばし、踏みつけて、そのボールをゴールまで運ぼうとし、川を渡り、生垣を跳び越え、林を駆けぬけていったであろうし、そのような行為を禁じるどんなルールもなかった。今日のフットボールのように、ラインの外に出てはならないとか、相手をなぐったり蹴ったりしてはならないとか、ボールよりも前に出てはならないとかいうような、彼らがやりたいと思う行為を禁止するルールはないに等しいといってもよかった。しかし、そうであったからといって、彼らがまったく無謀にプレーしていたわけではなく、また競技と殺人とが区別されていなかったわけでもない。激情にかられて相手をなぐることはあっても、その程度は心得ていたし、家屋を破壊することが目的であったわけでもない。「自然なプレー」とは、このような限度を心得たなかで自由に、しかし思うがままにプレーしていたということである。スポーツの近代化とは、このような「自然な」プレーをいろいろな理由や条件に基づいて多様に拘束、制限しながら、人為性や人工性を高めていくことを意味している。

それは、今日のスポーツが、単に巨大な競技場や電動測定器などの人工的な施設・設備のなかで行われているということ以外にも、非常に多くの「なすべからざるプレー」のなかで成立しているのと非常に対照的である。そしてフットボールの近代化は、マス・フットボールのこのような「自然な」プレーを拘束・制限しながら、あるいはそれを修整・改良しながら進行したのであり、その初期的特徴はマス・フットボールが「空地で行われるフットボール」へと変化していくことであった。

一六〇八年と一六〇九年の二度にわたってマンチェスター市の裁判所が公布したフットボール禁止令が述べていた、この「マンチェスター市のいかなる通りにおいても（in any streete within the said towne of Manchester)」という文言は、この布告が市中の街路で行われるフットボールを禁止するものではあっても、それ以外のところで行われるフットボールを禁止するものではないという含みをもっていたと読みとれる。これに関連してE・ダニングらも、「人びとがこの種の遊びをする慣習上の権利を主張していた空地（the open space which they claimed the customary right to engage in pastime of this type)」があったと述べており、このことは、地域の宗教行事として行われたマス・フットボール以外に、普段の休日や余暇などにもフットボールが行われていたこと、またそのための「慣習上の権利」を確保していた「空地」があったことを示唆している。

つまり、フットボールは年に一度か二度、懺悔火曜日か聖灰水曜日に、あるいはイースターやクリスマスなどの時だけに行われたのではなく、それ以外の日にも行われていたということであり、考えてみればこれは当然ともいえることで、わずか「年に一度」程度しか行われないものであれば、それが今日のように世界的な競技にまで発展する基底的条件となりえなかったはずである。

しかし、この「普段」に行われる「空地のフットボール」がど、の、よ、う、に行われていたのかということになると、その実態は必ずしも明らかではない。たとえば若者たちは日曜日ごとに、あるいは土曜日の午後はほとんどフットボールにその時間を費していたのかどうか。あるいは少なくとも月に一回か二回は必ず「慣習上の権利」としてフットボールをしていたと考えてよいのかどうかなどということになると、その実情は極めて不鮮明になってしまう。

マーカムソンも、「人びとが気晴らしをした様子については、……いろいろと調べてみてもその詳細を明らかにすることはむずかしく、……日々の余暇時間は少なめに抑制されており、ごく親しい人たちの間で、不定期に、しかも偶然に顔を合わした時などに行われていたのが普通で、このような行為を照らし出す光は非常に乏しく、……一般的な印象を示したり、推測したりすることはできても、その細部についての論議はむずかしく、祭りや大勢の人が集まる行事、あるいはジェントルマンの注意をひいた出来ごとなどについてだけ、資料を得ることができる」と述べている。*1 したがってフットボールが「普段に、どのように」行われていたのかということについて、まず最初に考察されなければならないその回数や時間、あるいはプレーした人たちの年齢、人数、階層などの、基本的でもっとも重要なことがらを知るのは困難で、多くの推測が含まれるのもやむをえないということになる。

「郊外のハーリング」からの脱皮

このように実情のとらえにくい「空地のフットボール」のなかで、既述の「ゴールへのハーリング」だけは、E・ダニングらによって相当に「進んだ」ゲームと評価されている。一体、この「ゴールへのハーリング」が、なぜ「進んだ」状態に達しえたのかということについて以下で考察してみたい。それは、これが行われたコーンウォール州と類似の文化的・社会的条件下におかれれば、他の地方で行われていたマス・フットボールも、それぞれに独自な地方的制約はありながらも、「ゴールへのハーリング」と同様に「進んだ」状態に達したかも知れないし、それが「空地のフットボール」へと変貌したかも知れないと考えられるからである。というのは、後述する「校庭のフットボール」は、イートン校であれ、ラグビー校であれ、その原型は、それぞれの学校がある地方で行われていた「空地のフットボール」に求められるからであり、「ゴールへのハーリング」だけでなく、それぞれの地方で行われていたマス・フットボールは、次第に「空地のフットボール」へと転換して「普段」に行われるようになっていったと考えられるからである。もちろん、コーンウォール州と他の地方とでは文化的・社会的条件に相違があり、すべてが同時代的、かつ同質的に発展したということはできない。しかし、「ゴールへのハーリング」は次第に衰微していくことになるが、ロンドン周辺で行われていたフットボールは、明らかに恵まれた文化的・社会的条件下で洗練されたボール・ゲームへと変貌し、やがてイギリス全土へと広がっていくことになる。そういう意味で文化の在り方を規制する文化的・社会的諸条件を考察する必要は十分にあるといえる。

この「ゴールへのハーリング」は、一六〇二年に、当時のコーンウォール州の地方長官であったリチャード・カルーが、その著『コーンウォール州概観』のなかで紹介しており、[*2] その概要は先にも述べたが、これがかなり「進んだ」ものであったのは確かなようである。

E・ダニングらがこの「ゴールへのハーリング」を「進んだ（advanced）」状態のボール・ゲームと評価したのは、おもにルールの整備を根拠にしているが、それは実際のプレーにおけるいろいろな修整や改良が行われたことと無関係ではなく、また年に一度か二度行われる、古くから伝えられてきた「郊外のハーリング」を修整・改良することによって、これ

13世紀頃のコーンウォール州の都市

州面積	自生的都市		建設都市	
	都市数	一都市当たりの面積	都市数	一都市当たりの面積
870,000エーカー	19	46エーカー	19	46エーカー

を〈日常的〉に行えるものに転換させたこととも深く関係している。そしてこのような「修整と改良」を可能にした条件として、このコーンウォール州における都市化の進行をあげることができる。

一三世紀のイングランドにおける三九州のなかで、コーンウォール州の「自生的都市」の数は、表にも示した通り一九都市であり、これは全イングランド中で、隣のデボンシャー（五六都市）、そのまた北東部にあるサマーセットシャー（二一都市）に次いで第三位にある。しかしその平均面積は四六エーカーで、下から数えて第四位、つまりこの州では小さな都市が数多く生まれていたことがこれから明らかである。

「建設都市」とは、領主が、領地からの収入に満足せず、それ以上の収入を得ようとして、既存の村に「手工業者、商人、鉱山労働者を募って集住させ」[*3]ることによってつくりあげた都市をいい、コーンウォール州のそれは表の示す通り一九都市で、これは全イングランド中の第一位であった。しかし、その平均面積は下から数えて第二位で、これらの事実から、もっとも小さい都市がもっとも多くあったのがこのコーンウォール州であったといえる。これらの都市の人口は、おそらく一〇〇人から五〇〇人くらいまでであっただろうと推定されるが、このような状態は、面積や人口の漸増を含みながらも一六、七世紀頃まで維持されただろうと思われる。

都市形成に見られるコーンウォール州のこのような特徴は、「対領主関係における農民の地位の相対的な関係」を他の州よりも高い状態においたであろうと考えられる。領主が都市化を進めるのは、「市場取引税や手工業者あるいは商人への課税による」収入増が目的であり、また「旧来のマナ裁判所とは一応別個の都市法廷を開設し、法廷収入を期待するか、あるいはこうして形成されたバラ（都市）の住民に追加的な特権を売却し、間接的な収入を得よう」とするためで、都市を建設することによって、「市街地保有者が増加すれば、領主にとっては、（それによる）地代収入もまた少なからぬ魅力」であった。一方、農民の側からいえば、荒蕪地を開墾して自由保有地とした土地を「保有権の強い市街地保有とし、彼らの集落を領主の干渉から比較的自由な（都市的）共同体に昇格させようと意図」することも可能であった。

コーンウォール州における小さな多数の都市成立という事情の背景には、「おそらく開墾村の農民の要求に対する領主の妥協あるいは極端な場合には、農民による単なる（都市であるという）自称に負うところが少なくなかった」[4]とも推定されるが、いずれにしてもこのような歴史的過程をへてこの地方における都市化が進んでいたことは明らかで、そのような事情を背景とする、農民、手工業者、商人、領主などの関係が、他の諸州と比べて「（領主による）直接的な支配を強化することは必ずしも容易なことではなかった」ような状態をつくり出し、「ゴールへのハーリング」に見られるルールの整備やプレーの修整・改良は、このような「地位間障壁」[5]の稀薄化を基底的条件としながら一定の「進んだ」状態に到達したものと考えられる。つまりマス・フットボール的な行われ方をしていた「郊外のハーリング」を〈日常的〉に行える「ゴールへのハーリング」へと脱皮させた重要な要件として、以上に述べたような都市化の進展と農業人口の相対的減少ということを想定することができ、それは、ひと言でいえば地域住民の自由の拡大とその相対的地位の向上をその原因とも結果ともするものであり、それを可能にしたのは、農民や商人をも含む比較的多くの人びとの政治的・経済的利害の「共通化」であったと思われる。それはまた前述のような支配・被支配関係の緩和や個人の自立とも深く関係している。

さらに一四世紀の中頃、イギリスを襲ったペストの流行も農業人口の相対的減少に影響を与え、議会が「土地をもたないすべての六十歳以下の男子は、黒死病発生直前の（一三四六年度の）賃金で雇傭される」[6]という労働者雇傭法を公布してもその実効はほとんどなかったというようなペストの流行による労働力の窮乏も、たとえ一時的にではあれ、当時の農民たちの自由の拡大に影響を及ぼし、「地位間障壁」を稀薄化したことであろう。

「郊外のハーリング」は、コーンウォール州におけるこのように特殊な社会的条件を背景に、伝統に拘束されることの少ない都市住民の自由で合理的な意見や批判を反映・吸収しつつ「ゴールへのハーリング」へと脱皮していったと考えられる。

「ゴールへのハーリング」の限界

しかしこの「ゴールへのハーリング」は当時におけるかなり「進んだ」ボール・ゲームであったにもかかわらず、ついにイギリス全土に普及するには至らなかった。それはコーンウォール州以外で行われていたボール・ゲームにもいえることであるが、そのひとつの理由として次のようなことが指摘できるのではなかろうか。それは「コーンウォール州を含む西南イングランドは、少なくとも一五世紀に至るまで、当時のイングランドの「経済的先進地帯」ともいうべきイースト・アングリアやミッドランド地方から地理的にも社会経済的にもある意味で遮断され、これらの地域の影響を受けること少なく、いわば孤立、閉鎖状態にあったという事情[*7]からくるものであり、それが、やがて一六世紀以降のイギリスを巻きこんでいく「輸出産業、海運、漁業を中心とする新しい産業」等への合流を妨げたのではなかろうか。ひと言でいえば、商人＝ブルジョアジーが未成熟であったということである。「ゴールへのハーリング」は、基本的には貴族あるいは領主階級を頂点とするヒエラルキー的な支配・被支配的社会秩序のなかにあって、わずかに「地位間障壁」の稀薄化を実現することによってえられた現実のなかで、マス・フットボール的自然性を脱して「空地のフットボール」の段階に達することができたボール・ゲームであったということである。たしかに農民や鉱山労働者たちは「領主の干渉から比較的自由な共同体」を形成してはいたであろうが、しかしその自由は後述するすべてのものに保障されていた「私企業の自由」と同質とはいえず、たとえばそれは、「領主の館で（使用人として）ともに食事をする」ことが慈恵的に与えられていたというような親近性の範囲を越えるものではなく、スポーツの近代化は、これとは異なる「貴族や領主とともに（対等に）食事をする」自由や、あるいは逆に貧困であるために「食事をともにすることができない」自由もまたすべての人に保障されているという新しい社会秩序のなかで進行するのであり、そういう意味で「ゴールへのハーリング」は、たしかにコーンウォール州の独特な都市化と、「地位間障壁」の稀薄化という社会的条件のなかで、一定の「進んだ」ボール・ゲームへと脱皮することができた。しかしこれが「空地のフットボール」から脱皮するためには、「空地」という物理的な制約からの脱皮、学校教育の普及と充実、学問、技術、思想の吸収などの新しい条件の獲得、成熟を必要としたのであるが、コーンウォール州はそのような条件に恵まれず、したがって「ゴールへのハーリング」がイギリス全土へ普及することもなかった。視点を換えていえば、ロンドンとその周辺でプレーされていた「フットボール」の方が、それを発展させていく条件に恵まれたのである。

注

＊1――R・W・マーカムソン著、前掲書、一六頁
＊2――E・ダニング著、前掲書、三五頁
＊3――安元稔著『イギリスの人口と経済発展』ミネルヴァ書房、一九八二年、一一三頁
＊4――同上書、八一頁
＊5――E・ダニング著、前掲書、三五頁
＊6――村上陽一郎著『ペスト大流行』岩波新書、一九八三年、一六二頁
＊7――安元稔著、前掲書、一二九頁

日常性から非日常性へ

抵抗や抗議の手段として

一七六八年七月にリンカーンシャーで行われたフットボールは、既述のように農民たちが囲い込みに対する抗議を目的に行ったもので、これは、フットボールが彼らの労働や生活と直接にかかわっていたということや、それを守るための抵抗や抗議の意志を表現する手段として行われることもあったということを示している。これを現代に引き寄せていえば、われわれが今日の政治や経済の在り方に抗議して、あるいは核爆弾製造競争への抗議手段としてサッカーやラグビーを行うであろうかという問題設定に等置できるともいえよう。問題をこのように置き換えてみると明らかなように、近代初頭に行われていた民衆のフットボールは――それ以前はもちろんのこと――日常の労働や生活とはっきりと区別されておらず、したがって、これらが脅かされたり、厳しい条件下におかれたりすれば、それの改善、改革を求めるひとつの、しかも直接的な抵抗や抗議の手段としてフットボールを行うこともありうるというほどに彼らの生活のなかに重要な役割をもっていたということができる。

農民たちが囲い込みへの抵抗や抗議の意志を表現する手段としてフットボールを行った一八世紀のイギリスの農村では、その多くが、農地の一部を休閑地とする伝統的な「三圃制」農法から、そこに大量の泥灰土を混入して、小麦と大麦を収穫する間の季節にかぶとクローバーを栽培する四圃制輪作へと転換し、これによって牧畜よりも穀物生産による収益の増加が見こまれるようになり、資本家たちによる農地の「囲い込み」が強権的に、しかも急速に展開された時代であった。このようにして囲い込まれた土地は、「一七四〇〜四九年には三八、一七五〇〜五九年には一五六、一七六〇〜六九年には四八〇以上にのぼり、一七六〇〜一八四〇年では計三、五〇〇以上」であったといわれる。[*1] マックス・ベアは「一六八八年には、……国民所得は四、三五〇万ポンドであったが、一七七〇年には……一一、九五〇万ポンドにのぼり、一八一二年には……四三、〇〇〇ポンドとなった」と述べている。[*2] 資本家たちがこのように高額な利益を手中にしている一方で、土地を奪われ、土地から追いたてられた農民は、村を捨てて工業労働者や坑夫などになっていくほかに道はなく、このようにして囲い込みは、「素朴なイギリス固有の生得的文明をなしていた、農民の伝説、理想、慣習、そして日常生活における諸問題の伝来の解決方法も、すべて打破」[*3]していった。したがって、農民たちが彼らの労働や生活を脅かす囲い込みに対して抵抗や抗議をしたのは当然であり、その手段としてフットボールが選ばれ、行われたということは、それが農民たちの雰囲気や気分、あるいは感情や意志、さらには思想さえも表現する手段であったことを示している。

同じように一七四〇年にノーサンバーランドで行われたフットボールも、食糧を求め、その価格の引き下げを要求する農民たちによって行われたが、一八世紀の中頃は食糧の不足と高騰に反発してイングランドの各地に食糧暴動が頻発した時代でもあった。「民衆は集団で小麦、パンを商う食品業者や農場経営者あるいは市場を襲い、略奪を働いたり、彼らの指定する安い価格を強制したりし（民衆による価格制定）、また治安判事に対して価格引下げに介入するよう要求した」[*4]。一七四〇年代は、アメリカ大陸でイギリスとフランスの抗争が次第に激しくなった時代であり、一七五六年にこの抗争は植民地の領有をめぐる戦争へと発展するが、このような戦時体制のなかで小麦の価格は次第に上がり、世紀末には二倍近くまで高騰する。同時に食糧暴動も多発するようになり、そのなかには前記のようなフットボールの形態をとるものもあり、これはフットボールが民衆の労働や生活と切り離しがたく結びついていたことを示すものといってよく、その他のスポーツもまた、民衆の日常生活、すなわち彼らの衣食住や「伝説、理想、慣習」などと緊密に結びついていて、彼らの感情や意志の表現、あるいは団結や結束を固め、それをあらわす手段としての役割と意味をもっていたことを示している。ここにいうスポーツの〈日常的性格〉とはこのようなことを指している。

一八世紀のイギリスは、「財政の蓄積が一般に信じられぬほど、しかも（空前の支出をした戦争中に）もっとも楽天的なものでさえ想像できなかったほど急速に増大した」といわれる「経済革命」の時代であった。このような「大規模な変革を完成するには、どうしても社会組織を根底から建てなおさなければならなかった」が、しかし「その転化があまりにも新しく空前の現象であったから、当時の政治家や政治研究家には、それを全体として観察することも、その結果をもれなく認識することもできなかった。彼らが依然古い政治上の言葉で考え……ている間に社会的混乱は……ますます激化[*5]」していった。「政治家や政治研究家」と同様に農民たちもまた、彼らの「伝説、理想、慣習、そして日常生活における諸問題の伝来の解決方法」が次第に「打破」されていく事態に対応する新しい手段や方法をもっていなかった。「転化があまりにも新しく空前の現象」であるような事態に遭遇した時、人びとが自らの判断や行為の拠りどころとするのは、その多くが「古い政治上の言葉で考える」ことであり、「伝来の解決方法」にたよることである。

このことは現代においても同様であり、急速に展開する技術革新と国際的な競争がますます激化するなかで、多くの企業が、またそこに働く多くの人びとが「生き残り、勝ち残る」ために家庭や地域の崩壊に心を痛める余裕さえ失い、そのなかで子どもたちの心身の荒廃も一段と進んでいるが、このような「社会的混乱」期にあって、現代の政治家や政治研究家たちもまた、かつてと同じように、「古い政治上の言葉で考え」、「古い道徳」にその拠りどころを求めている。

一八、九世紀のイギリスの農民たちが、「社会組織を根底から建てなおさなければならない」ような「社会的混乱」が進行するなかで、それへの抵抗・抗議の手段としてフットボールを行ったのは、かつて「祭り」のなかで「仮面」をつけ、顔を黒く塗り、男性が女装をしてフットボールを行いながら、彼らの「自由を要求し、……しばらくの間にもせよ、社会の約束事によって制限を受けること」[*6]から解放された「伝来の解決方法」に依ろうとしたものであるように思われる。しかしそのようにして手に入れた時・空間と獲得した自由は、まさに「しばらくの間」のことであり、「祭り」と同じように短期間のものでしかなかった。

遊戯か否か

ヨハン・ホイジンガは遊戯を次のように定義している。「遊戯とはあるはっきり定められた時間、空間の範囲内で行なわれる自発的な行為、もしくは活動である。それは自発的に受け入れた規則に従っている。その規則は一旦受け入れられた以上は絶対的拘束力を持っている。遊戯の目的は行為そのものの中にある。それは緊張と歓びの感情を伴い、またこれは〈日常生活〉とは〈別のものだ〉という意識に裏づけられている」(傍点引用者)[*7]と。また、これまでの遊戯に関するその他の主張や見解もホイジンガと同様に「遊戯の目的は(遊戯の)行為そのものの中にある」とし、これを「〈日常生活〉とは〈別のものだ〉」としているのがほとんどである。言い換えれば、何らかの目的を遂行、達成するためにその手段として行われる行為や活動は遊戯ではなく、また遊戯とはいわないということであり、したがってこのような通説にしたがえば、たとえば人びとが「喜怒哀楽」をあらわし、それへの共感を求め、それを共有しようとする行為や活動は遊戯ではないということになる。あるいは「喜や楽」を表現する行為や活動は遊戯であるが、「怒や哀」を表現する行為や活動は遊戯ではないということであろうか。

ところが、前述のフットボールは囲い込みや食糧高騰への抵抗・抗議を目的に行ったものであり、それは農民たちの「怒や哀」を表現するものであって、右のような主張や見解からいえば遊戯とはいえないし、スポーツでもないということになる。しかし、もしもこのフットボールが目的を達成しえたとすれば、おそらく農民たちはその「怒や哀」を表現した時と同じように「喜や楽」をもフットボールで表現したにちがいないが、それでもこれはなお遊戯ではないのであろうか。

このようにして行われるフットボールは、フットボールに<ruby>よ</ruby>って、あるいはフットボールから喜びや楽しみを得ようとするものではなく、ほかの何らかの出来事や行為などによって得られた喜びを、あるいは怒りをフットボールによって表現し、それを仲間とともに共感、共有しようとするもので、明らかに手段としての性格をもっている。

今日のわれわれが、このように喜びを、したがってまた怒りや悲しみを表現する手段としての遊びを、言い換えれば何らかの感情や意志を表現する手段としてスポーツを行うという慣習をもっていないとしたら、それは、このような手段としての遊びやスポーツに共感し、それを共有しようとする集団、あるいは共同体をもたないということを意味しているのであり、それはまた遊びやスポーツが日常生活から遊離し、抽象化して、社会のなかにあって労働し、思索している人間の意志、主張、思想等々と無関係、無交流という原則の上に成立している空間＝非日常的空間においてだけ遊びやスポーツをすることができるという慣習、あるいはそういう考え方や制度をつくりあげていることを意味している。たしかにわれわれは文化を日常生活から遊離、抽象化することによって、言い換えれば日常の諸経験から一時的に切り離すことによって文化を、また日常をより深く理解することができる。しかしこの理解は、あるいは行為体験は、再び日常の改善、変革に有効に作用するものでなければならないのではなかろうか。

今日、多くの人びとは次第に豊かな余暇時間をもつようになり、遊びやスポーツのための時間を特別につくり出そうと努力する必要もないといってもよいような時代に生きている。しかし近代初頭までの、少なくとも村びとすべてが、あるいは子どもたちみんなが参加して行われた遊びやスポーツは、たとえその回数は少なかったとしても、個々の、あるいは村びとみんなの喜びを、ともに喜び合うために仕事を休み、仲間を呼び集めて行われたのであり、それは、余暇時間にストレスの解消を目的に、あるいは競技会という非日常的な時・空間のなかで勝利を得るために行われる遊びやスポーツとは異質のものであった。彼らはこのような行為の目的としても、また結果としても、それが意図的であったかどうかはともかくとして、お互いの感情や意志を共感・共有し、結束や団結を強化していたのであり、スポーツがはっきりと〈非日常的性格〉をもつ運動文化へと変化する以前の時代と社会のなかでは、これが重視されていたということを十分に銘記しておく必要がある。そしてこのような社会的条件のなかで行われるフットボールでは、誰が、あるいはどちらのチームが勝者であったかなどということは、彼らにとって必ずしも重要なことではなかったのである。

勝利とは、勝者とは

フットボールにおける、したがってまたスポーツにおける勝者が、勝者であるということそれ自身によって社会的に高く評価され、栄誉とされるようになるのは一九世紀も後半期以降のことで、それは勝者ということの意味や勝者に対する賞賛の質が変わってくることを意味している。つまり、事態がこのように変わってくる以前の時代は、極めて少数の競技者の間で勝敗が争われ、その勝者が偉大であるかどうかという判断の基準も条件も整っていなかったし、せいぜい村一番とか、近隣の村落のなかですぐれた競技者であるとかいう程度の評価しか受けていなかった。しかも、その競技者が常に勝者であり続けることができるほど頻繁に競技会が開かれていたわけでもなく、またそれが可能なほど技術の高度化を目ざす「練習」が日常的に行われるという慣習もなかった。

トマス・ヒューズの描く「白馬ヶ渓の祭日の最も重要な催し」のひとつである「年に一度の木刀試合」でも、出場を希望する合図として試合場に投げこまれた帽子の数は「三つ四つ」でしかなく、「祝宴の司会者格である老農場主が半ソヴリン」の金を、さらにトム・ブラウンの父が「新しい帽子」を賞品に加えても、なお「この懸賞額は、すぐ近くにいる連中を奮起させるに足るが、遠いところから、非常に優秀な技倆の持主を誘い出すほどのもの」ではなかったと記されている。[*8] つまり、この「木刀試合」はせいぜい四、五人で行われたらしいということであり、同様に「鈴試合」に出場したのも「十二人ほどの若者」であった。一九世紀初頭の村々で行われていた競技会の規模は、特別なものを除けば、一般にはこの程度のものであり、その勝敗が「噂」として近隣に伝えられることはあっても、偉大な競技として語り継がれることはなかったし、まして「記録」として後代にまで残そうというようなことは気付かれようもないことであった。

いわば、それほどにこれらの競技が日常生活に密着した「出来事」のひとつではあっても、その勝利が社会的に意味や価値のある「栄誉」として彼らの日常生活から遊離し、それと直接的な関係をもたない人びとや地域にまで伝わり広まっていく情報として社会的空間を浮遊するようなことはなかったのである。また、その理由とも条件ともなる非常に多数の参加者を打ち破って勝者になるということも、さらにはそれを広く伝えようとする通信網も、これらのすべてがこの時代には未成熟だったのである。

彼らが行っていたフットボールは、単に村びとたちが二つのチームに分かれて、村のなかでそれを行っていただけのことで、どちらが勝利を得ようと、それを前記のような「栄誉」と考える社会的条件は成立していなかった。むしろフットボールを行うという雰囲気や気分に共感、共有することの方が重要であり、また自然でもあったのである。

今日的な視点から見れば、フットボールは明らかにスポーツの一種であり、余暇活動として行われ、喜びや楽しみを享受するために行われ、しかもそれ以上のものではない、というのが通常の見解である。このように考えられているフットボールは、時間的にも、空間的にも、また心理的にも人びとの日常的な行為と区別され、切り離されて行われるべきもので、それは、本来的に何らかの目的のための手段として、あるいは物質的利益（反対給付ともいう）を得るための手段として行われてはならないとされている。つまりスポーツは、スポーツをするということそれ自体を目的に行われるべきものであって、それ以外の目的のために行われてはならないということである。スポーツをこのような性格や特徴をもつものへと育て、変化させてきた根本には、たとえばアマチュアリズムがあり、今日のわれわれはそれがスポーツの「本来的な」在り方であると考えている。しかしそれは、スポーツを前述のような労働や生活と関係のある日常のいろいろなことがらから切り離し、非日常的な時・空間で行われる近代スポーツへと変化させられたものについていいうることであって、それ以前のスポーツは必ずしもそうとはいえないものであり、その事実はすでに見た通りである。

さらにここでもうひとつ述べておきたいのは、「祭り」のなかで「仮面」をつけ、「扮装」した人びとが、そして「仮面」や「扮装」をしていない人びとも、ともに「祭り」のもつ「普遍的無礼講」という非日常的時・空間のなかで、「他者」として自己の「素顔」を表出していたということであり、それが彼らの日常と深く結びついていたということで、近代スポーツはこのような日常との結びつきを断ち切ることによって成立したということである。それは、スポーツ空間を「空地」(それは農地の一部でもあった)から「校庭」やクラブ所有の「グラウンド」へ移行させるということ、フットボールをしたいと思う「時」にいつでもできる自由な余暇時間を豊富に所有するということ、必要な費用を十分に支出できるということなどを背景になしえたことであり、さらに統一ルールをつくる、ユニフォームを揃えるということなども含む総合的で壮大な文化変革運動であった。やがてこのような条件のもとで、勝敗の争いだけを目的とする(アスレティシズム)競技会が開かれるようになり、競技会という「祭り」のもつ非日常性がそこで完成する。そして今日、それは囲い込みや食糧高騰に対してはもちろんのこと、人類滅亡の危機さえはらむ核爆弾製造競争への抗議手段ともなりえないほどの〈非日常的性格〉のものとなっているのである。

注

＊1――古賀秀男著『チャーティスト運動』教育社、一九八〇年、二九頁
＊2――マックス・ベア著、大島清訳『イギリス社会主義史㈠』岩波文庫、一九七五年、一八一頁
＊3――同上書、一八一頁
＊4――古賀秀男著、前掲書、四四頁
＊5――マックス・ベア著、前掲書、一八一―一八二頁
＊6――ジャン＝ルイ・ベドゥアン著、斉藤正二訳『仮面の民俗学』白水社、一九八〇年、二四頁
＊7――ヨハン・ホイジンガ著、高橋英夫訳『ホモ・ルーデンス』中央公論社、一九六七年、五八頁
＊8――トマス・ヒューズ著、前掲書、四五頁

「なぜ」と問うこと

「なぜ」と問うことの意味

サッカーはなぜボールを手で扱ってはいけないのか、ラグビーのゴールはなぜH字型で、トライ後のゴール・キックはなぜボールがクロス・バーの上の空間を通るように蹴らなければ得点にならないのかなどは、フットボールをもう少しよく知りたいと思う人なら誰でも一度は聞いてみたいと思う疑問であろう。オフサイド・ルールも同様で、前方のゴールにボールを蹴りこんだり持ちこんだりして勝敗を争うのが目的のボール・ゲームで、なぜボールより前方でのプレーを制限したり、反則にしたりしているのかというのは、このルールを考え出した人びとの子孫でも、先祖の誰かにその理由を聞いてみたいと思ったことがあるにちがいない。

このようにスポーツのルールは「なぜ」と問いはじめたらキリがないほどわからないこと、

知らないことが多いものであるが、しかしこのことは、よく考えれば、それぞれのルールにこめられた先人の思いやそれを守った理由、変えた理由などのほとんどが後代の人たちに伝えられていないということを示すもので、一般的な文化享受や文化継承とはそういうものであろうと思いながら、その一方で、それでよいのかという問題もあるように思われる。

しかもルールについて「なぜ」と問うのが外国でもあまり行われていないとすれば、前記の「誰でも一度は聞いてみたいと思う疑問」は、われわれと同じように、外国でもこれを問う相手を発見できないまま宙吊りになり、人びとはやがてこのような「問い」があるということや、それを問いたいと思ったことがあるということなどを忘れてしまうというのも世界的な現象になる。

スポーツやそのルールについて「なぜ」と問うのは、それをよりよく知りたいということ、その継承や発展に関心があること、またこれに積極的にかかわりたいという意志があることなどを示し、反対に「なぜ」と問うことがないのは、スポーツの発展や衰退にほとんど関心がないことを示すものといってよい。一般的な文化享受とはこのようなものであり、美術家の森村泰昌はそれを次のように述べている。「中学生のとき、学校の課外授業で美術館に行ったことが何度かありました。……私はこの「美術鑑賞」が嫌いでした。先生は「さあ皆さん、自由に見てきなさい」と言います。それで自由にぼんやりながめていましたら、「ばくぜんと見ていてもだめ、もっとよく見ること」と先生のアドバイスがありました。私は素直な生徒でしたので、言われたとおり「もっとよく見ること」をしようと努力しました。しかし「よく見る」とはどうやったらできるのか、チンプンカンプンだったので、ともかく「にらみつける」ことにしました。もちろん壁に掛けられた絵をいくらにらんでも、レポートを書く材料は出てきません*」と。またテレビやラジオ等に出演している芸術・芸能の解説者たちもこの森村の先生と同じように「自由に見る」ことを勧めることが多く、それで「レポートが書ける」知見が得られることはほとんどない。森村も「見るだけではだめなんだ。「考える」必要もある」と述べ（考えるな！　とも述べているが）、テレビの解説者も、その内容は「自由に見る」ことと矛盾する、考えることや考え方、わかることやわかることの意味などを説くことが多い。これは人びとの文化享受の水準を高めることが重要と考えていることを示すものであり、それはスポーツも同様で、テレビのスポーツ番組に解説者が登場するのは「スポーツがわかる」水準を高めるのが目的である。そして「なぜ」という問いと答えはこのような解説の内容を充実させるもので、技術の特徴や巧拙等に関する「なぜ」と、そのスポーツの発展史に関する「なぜ」への答えが用意されていなければ有能な解説者とはいえず、国民の文化享受の水準を高めることは望むべくもないということになる。

人間の生んだ文化としてのスポーツが、その担い手たちによって継承、発展されてきたというのは多くを述べるまでもないことで、そのルールや在り方について「なぜ」と問わないことや問うことを教えないのは、これからの担い手の育成を放棄することになる。

まして、スポーツを外来文化として輸入したわが国では、欧米諸国以上に人びとが積極的に「なぜ」と問わなければならないのであり、そうしなければ「スポーツがわかる」という状況は生まれない。しかし周知のようにわが国では「なぜ」と問うことが非常に少なく、それはスポーツの受容や普及が技能中心主義的に行われてきたからで、その特徴を今日の若者たちは「体育会系」という蔑称で表現している。これの克服、脱皮は「追いつき追い越せ」主義の実践的な批判しかないが、「体育会系」的風土のなかで育ったわが国のスポーツ愛好家たちがこれに気付くことは少なく、「なぜ」と問うことを学ばなかったことと、メダル獲得主義にとりこまれているのがその原因である。

真のスポーツ・ファンの育たない土壌

明治期以降、わが国は多くのスポーツを輸入したが、その時に重視、奨励されたのは技能のレベルで欧米諸国に「追いつき追い越す」ことで、異文化であるスポーツが「わかる」ことは軽視あるいは無視され、それを一世紀以上も続けてきたのがわが国のスポーツ史であった。したがっていま「オフサイドはなぜ反則か」と問うのは、このように一面的な技能中心主義的文化受容の伝統と拘束から脱皮することが重要と思うからで、今日でもまだ専門家たちのなかにこの問いに答えられない人がいるということは、スポーツを外来文化と捉えてその特徴を明らかにすることや、これを普及、定着させることの意味などについて多様かつ活発な議論が行われてこなかったことを示している。

われわれの体内に異物が侵入すれば「拒絶反応」が起こる。文化の交流においても同様と考えれば、わが国の人びとはスポーツという「異文化」の侵入に対して「拒絶反応」を起こしたのか、起こさなかったのか、それはなぜかということなどを明らかにすることは非常に重要で、もしかしたら「追いつき追い越せ」主義が「拒絶反応」を抑圧したかも知れず、これを明らかにすることもわが国の「スポーツがわかる」ために必要である。

たとえばサッカーを高校か大学で初めて学ぶ女子学生は、必ずといってよいほど「なぜボールを手で扱ってはいけないのか」と問い、高校生になって初めてラグビーやタッチ・フットボールのボールを見た男子生徒も、「ボールがライス型なのはなぜか」と問う。これらは当然の問いといってよいだろうが、しかしこれに答えるのは、その後に第二、第三の「なぜ」が予想されるために容易ではなく、多くの教師はこのような問いが発せられないように授業を展開し、生徒もまた「スポーツがわかる」ことよりも汗をかく方がよいと考え、このような両者によって、体育とは「低水準の部活動」のようなものという実態と概念が形成され、文部省もこれを公認、後援してきた。これは体育教師なら誰でもよく知っていることで、教科書を購入させておきながらそれを用いる授業がほとんど行われていないという事実がこれを裏付ける。このような行為の背後に「スポーツがわかる」ことや「なぜ」と問うことの軽視があることは明らかで、これが保持されている限りわが国の人びとの「スポーツがわかる」レベルが向上することはなく、したがって真のスポーツ・ファンも育たないということになる。

これはスポーツを手段にして何らかの利益を得ようと考えている人たちにとって非常に重要なことといえるが、しかし彼らが実際に行っているのは、とくにメディア、マスコミの当事者たちのそれは、スポーツを「笑い」の対象にすることであり、これがスポーツ・ファンの質と量の低下を招き、結果として利益も低下させている。つまり「オフサイドはなぜ反則か」という問いは、彼らにおいてこそもっとも重視、尊重されるべきものであるにもかかわらず、それとは全く逆のことが行われているのであり、二一世紀のスポーツの課題はこれであるといっても過言ではないのである。

注

*——森村泰昌著『踏みはずす美術史』講談社現代新書、一九九八年、七—八頁

第二章　オフサイドの出現

生活感覚の変化

マス・フットボールの衰退

貴族やジェントリーの支持の後退、工業化や都市化の進行、あるいは警官による弾圧等によって、マス・フットボールは次第に衰退していかざるをえなかったが、マンチェスター市の布告が暗示していたように、伝統的に「慣習上の権利」を確保していた「空地のフットボール」は、マンチェスターでも、その他の市や町でも、土曜日や農閑期に若者たちによって行われていた。しかし、このような「空地のフットボール」が実際にどこで、どのように行われていたのかという記録や資料は、少なくとも現状では極めて乏しく、その実態を正確に知るのは非常にむずかしい。おそらく、一八、九世紀のイギリスが産業革命の渦中にあって、農村共同体が次第に崩壊していく過程にあったことが大きく影響しているのであろう。それは丁度、わが国が高度経済成長期にあった一九六〇年代に「出稼ぎ」の増大が地方の「祭り」を一時的衰退に追いこんだのと同じように、「祭り」の重要な担い手である若者や壮年の男性が農村から姿を消したり、また遊びに熱中できなかったりしたためであろうと考えられる。しかし、だからといって「空地のフットボール」が古いマス・フットボールから脱皮できなかったわけではなく、ストラット[*1]があげているバルーンボール（Balloon-ball）、ストーボール（Stow-ball）、ウィンドボール（Wind-ball）や、E・ダニングらのあげるスコーンボール、サウス・カーディガンシャー・フットボール、ハクシー・フード・ゲームなどのフットボール系統に属すると思われるボール・ゲームは、マス・フットボールよりは「進んだ」状態に達したものを指しているようにも思われる。

しかし、やがてこれらも一八世紀から一九世紀までの一世紀の間に、既述のハーリング、キャンプ・ボール、ナッパンなどとともに、あるものは消滅し、あるものは地方的でしかも季節的に行われる民俗行事となり、学校教育が普及して「校庭のフットボール」が盛んになるにつれて、その衰退を加速していった。

とくに一八、九世紀になって、パブリック・スクールやオックスフォード・ブリッジ両大学へ富裕階級の子弟たちが大量に入学するようになったことと、「空地のフットボール」の衰退との関係を無視することはできない。こうした変化の基底には、おおよそ次のようなことがあったのではないかと思われる。

古くから行われてきた「年に一度」のマス・フットボールは、それぞれの地域や村々で、通常はそこで行われるものと慣習的に決められている「空地」の地形的条件、慣習的な参加形態、そして長い間かかってつくりあげてきた独自のルールなどのもとで、それぞれの地方ごとに「空地のフットボール」へと変化しながら、少なくとも「年に一度」以上は行われていた。このような「空地のフットボール」がそれぞれ地方的な独自性をもっていたのは、もともとこれらが懺悔火曜日などの「祭り」の一部として行われたためであり、他の地方と交流する必要がなかったからである。それは文字通り謝肉祭のなかの行事として行われたのであり、フットボール競技として勝敗を争おうとするものではなかった。加えてこのような地方は、「ウェーバーの表現を借りれば、「共同体」は外部に対して「封鎖」され[*2]ていたのであり、また「封鎖」されざるをえない条件下にあった。

それは、このような地域共同体が「自然に即した分配の理念と、この分配にもとづきながらそれを規定しているところの、神聖な慣習の理念とが、生のあらゆる現実性、およびそれに対応する生の正しい必然的な秩序の理念を、いかに著しく支配しているかということ、また、そこでは交換とか売買、契約とか規則という概念の働きうる余地がいかに僅かなものであるかということ[*3]」を考えればわかることである。そこでは、一体性が成立していると同時に閉鎖的であり、しかも土地を、さらには人間や自然までも領有する領主、地主がこれを支配しており、村びとたちは基本的に同一目的のために結合されていた。このような共同体の間には「何らかの共通の利害が形づくられることはあっても、共同の利害が形づくられることはありえ[*4]」ないという条件もあった。

したがって「空地のフットボール」も、その行われ方に一定の類似性はありながらも、互いに「共同」の関係が十分に成立していない以上、それを同じルールで行うということも、同じルールにする必然性も存在しなかった。

このような「「共同体」間に存在する社会的真空地帯[*5]」に登場してくるのが、「鍛冶屋、馬具屋、大工、車大工、靴屋、パン屋、魚屋、織布工など」の「一般の人々に対して製品を「自由に」（必ずしも身分上の自由を意味しない）販売する者」たちであった。やがて彼らは時代を経過するなかで「しだいに私的独立性を獲得し……さらに進んでは、「村落」共同体の基盤の上に、その内部から真の小ブルジョア的（したがってブルジョア的）商品＝貨幣経済を展開することによって、ついに「共同体」一般を終局的に揚棄する」者たちとなっていく。

こうしてブルジョアジーへと成り上がっていった者の子弟たちは、必ずしも共同体意識に染まりきってはおらず、「空地のフットボール」に固執しなければならない必然性ももってはいなかった。したがって彼らが有名なパブリック・スクールやオックス・ブリッジ両大学に進学し、そこで学んだ「校庭のフットボール」を「空地のフットボール」より「進んだ」ものとして受け入れ、またそれを故郷の旧友たちに紹介することが「空地のフットボール」を衰退させることになるかもしれないということについても、それを自覚していたかどうかは別として、それを躊躇させる何ものもなかった。

地方的独自性からの解放

この過程をトム・ブラウンについてみれば、次のようであったといえるだろう。

彼がラグビー校を初めて訪れたのは「一八三:年十一月初め」のこととされている。この時彼は校門で、やがて終生の友となるいとこのハリー・イーストの出迎えを受け、学校のなかを案内してもらうことになるが、この時、トムのかぶっている帽子が気むずかし屋のイーストの気に入らないところとなり、早速、都会の洗礼を受けることになる。

「「待った」とイーストはいって立ちどまり、トムを見直した、「こいつはいけない――君、シルクハットがないのかい、ここじゃ縁無帽子（caps）はかぶらぬことになっているのだ。

それをかぶるのは俗人ども（louts）だけだよ。こんなしろものを頭にのっけて方庭（校舎に囲まれた庭のこと）にはいったんじゃ――どんなことが起こるかしれないぞ」といって、二人は「ニクスン帽子店に飛びこみ、勘定も払わずに、七シリング六ペンスで制帽の安シルクハット」を買うことになる。このことは、まず帽子からトムにまつわりついている地方的独自性に対する「修整」が加えられたことを意味している。

続いてトムは勉強室やホールを見学し、大食堂での昼食の初体験もすませたのちグラウンドへ出ていくが、この日は校長寮の生徒と、その他の全校生徒とのフットボールの対抗戦が行われる日であった。

そこでトムは、「僕はフットボールが大好きでね、これまでしょっちゅうやってきたのだよ。ブルック（校長寮チームのキャプテン）は僕にもさせてくれないかな」とイーストの顔色をうかがう。だが彼は言下に「だめだ」とこれを却下する。「だって君はルールを知らないじゃないか。――ルールを覚えるのに一ケ月はかかる。それに（この学校のフットボールは）……君らの私立学校でやっているゲーム（your private school games）とはわけがちがうのだ」と、これがイーストの却下の理由であった。

トムの出身地とされたバークシャーは、ロンドンの西方にあって、トムがラグビー校へ来るためには、「その前の日」に家を出て夕方の七時頃ロンドンにつき、翌日の午前三時に「四頭の速歩馬と、ロンドン出来の四輪馬車」に乗って、「停止時間を含めて一時間一〇マイルという速さ」で北上し、正午頃ラグビー校に到着するという旅程が必要であった。今日、ロンドンのユーストン駅からラグビー校に近いコベントリー駅までは二時間ほどであったと思うが、当時のそれは二日がかりであり、この距離は「君らの私立学校でやっているゲームとはわけがちがう」と、にべもなく参加を拒否されるほどにフットボールの行い方の違いを生んでいたし、それほどに直接的な相互交流を阻むほどの地理的・心理的な距離をもつものでもあった。

このことは、帽子と同様にフットボールもまた、それぞれが地方的独自性のもとで行われていたことを示している。と同時に、トムと同じように他のいろいろな地方からこの学校へやってきた、ラグビー校式のフットボールとは異なるボール・ゲームの経験者である生徒たちも、トムと同じようにこの学校のフットボールを学ばなければならないことを意味する。そして彼らは休暇で家へ帰った時、ラグビー校式のフットボールを、かつての「私立学校」や「白馬ヶ渓」で一緒に遊んだ旧友たちに、より洗練されたフットボールとして誇らしげにこれを教え、伝えたはずである。

一八四六年に改訂されたラグビー校のルールには「前文」と思われる文章があって、それには、「以下のルールは、ラグビー校の出身者によく知られているルールを説明するというよりも、本校のフットボールに関して論議されたいろいろなことがらに関する討議の結果をまとめたものである」と記されている。このことは、このルールがなお流動的であったことを示していると同時に、「論議されたいろいろなことがら」があったこと、またそれらが、おそらくは「君らの私立学校」のフットボール・ルールとの違いに端を発するさまざまな調整に在校生たちが苦労した過程があったことを物語っている。ラグビー校でフットボール・ルールが最初に成文化されるのは一八四五年のことであるが、この年の八月二八日の「レヴェー（Levee＝生徒の集会、詳しくは後述）」では八カ条のルールについての合意（Resolution）が成立したと記録されており、これはルールの調整が行われたことを示している。同じことはその他のパブリック・スクールでも、またこれらのパブリック・スクールの卒業生たちが入学してくるオックスフォード・ブリッジ両大学でも起こったことであり、ここでもまたルールの調整・統一は避けることができなかった。

このような「校庭のフットボール」における校内ルールの調整・統一は、学校ごとにルールが異なるということを生みながら、その一方で地方的独自性をもつ「空地のフットボール」の衰退を招来する。このような変化を生み、またそれを受容、発展させていったのは、当時の人びとの間に浸透しつつあった社会的空間感覚＝社会認識の内容や方法の基底にある感覚の変化であり、それは工業化や都市化の進展と交通機関や通信手段の発達を背景とするものであった。

たとえば、ロンドンの北にあるシェフィールド市では一八五五年にシェフィールド・フットボール・クラブが結成されるが、これはハロー校の卒業生を中心に組織されたイングランドで最初のフットボール・クラブといわれている。このクラブは二年後の一八五七年に独自のフットボール・ルールを制定し、その間にも近隣の地域や工場の労働者に働きかけてハーレム、ヒーリー、アール・ベール、ノーフォーク、ピッツムーア、チェスターフィールドなどの各クラブを発足させ、一八六七年にはシェフィールド・フットボール・アソシエーションを結成する。[*6]

このクラブのルールは、たとえばスロー・インを手で行うのではなくキックで行うなどの独自な特徴をもつものであったが、一八七七年には、その後もシェフィールド・ルールで試合することもあるという条件を留保したうえで、ロンドンに結成されたフットボール協会に加盟し、この組織の初期における拡大・充実に重要な貢献をする。このようなことが可能であったのも、イギリスにおける刃物産業の中心地としてシェフィールド市の工業化が進んでいたからであり、またこのフットボール協会がハロー校の卒業生によって主導されたとはいえ、農村出身の若い労働者たちが、時代や社会が大きく変化していくなかで地方的独自性に固執するような保守性から脱皮していかざるをえない状況に追いこまれ、農村とは異なった生活の仕方や物ごとの考え方をしなければならなくなっていたからである。

拡大する生活空間のなかで

しかもこの時代をさらに大きく変化させたのは交通機関と通信手段の発達で、これによって人びとの社会的空間感覚が変わったことも「空地のフットボール」を衰退させていく重要な要因になった。

周知のようにイギリスでは、「蒸気機関車が馬に代ってレールの上を車を引いて走った」のは一八〇四年のことであり、R・トレヴィシックの行ったことである。G・スティーブンソンのつくった「ロコモーション号」がストックトンとダーリントンの間を走ったのは一八二五年であった。一八三〇年になるとリヴァプール・アンド・マンチェスター鉄道会社が「平日七往復、日曜休日四往復」の営業を開始し、これ以後、イギリスは鉄道時代を迎えることになる。[*7] 一八四一年には「ロンドン・ブライトン鉄道の開通が（旅行の）大衆化に拍車をかけ」、休日には「四〇両以上も連結された、ほとんどは無蓋車からなる車両に、乗客は文字通り立錐の余地もないほどすしづめにされ」て行楽地へ行った。一八四四年には、北部の工業地帯で、「三八両の車両が「主に労働者階級」からなる乗客」を遠足に運んだ。[*8]

ところが、この当時、「地方にはそれ固有の時間があった。ロンドンの時間はリーディングより四分、サヤレンセスタより七・五分、ブリッジウォーターより十四分早かった」という。[*9] つまりイギリスの各地方は、それぞれが独自に「地方の時刻」を決めていたのであり、たとえそれがロンドンや隣の州と異なっていたとしても、だからといってそれをロンドンの時刻に合わせなければならない理由や必然性はなかった。

このような「各個ばらばらな時間は、時差など……消えてなくなってしまうほど、……交通がまだゆっくりと行なわれていた頃は、なんの障害にもならなかった」し、旅行だけではなく、生活のどの部分をとってみても地方時刻の不一致によって困ることは何もなかった。ところが「鉄道の発達で、路線の時間が短縮されると、地方どうしが対決を迫られることになり、同時にその地方時間も自覚を迫られることになる。……時間の統一は、英国では一八四〇年頃、個々の鉄道会社が独自に企てる。各会社が自分の路線にそれぞれ標準時間を導入したのである」[*10]。

このようにイギリスでは、一八四〇年代になっても、「少なくとも三つのタイプの時刻があり、……ロンドンで土曜日の早朝に生まれた子どもが、その誕生を告げる電信は、金曜日の夜生まれたとダブリンへ伝えられる」[*11]こともあるというように、郵便局、鉄道、電信会社の間でそれぞれ独自に時刻を定めていた。これらが全国的に統一されるのは一八八〇年のことになる。

しかし、鉄道の普及とともに進められた「すべての駅と時刻表をロンドン・タイムに統一する」ことや、「三つのタイプの時刻」の解消によって、イギリスの各地は、それぞれが独自に「地方時刻」を決めていた権能を失っていく。それはまた「五年に一度と郷里を出ることがなかった」ブラウン家の家族や、それ以上に、生まれた村以外を知ることのなかった多くの民衆が、一日のうちのどの時刻をとってみても、それがすべて全国共通であるということを認識させられることでもあった。

鉄道旅行の機会や範囲の拡大、あるいは鉄道によって運ばれてくる新聞、雑誌などから得られる情報量の増大ということなども加わって、地方に住む人びとは必然的にその視野や考え方を、それまで以上に中央志向を中心としながらより広く統一されたものへと変え、またそれを受け入れていかざるをえなくなっていく。社会的空間感覚の拡大とはこのようなことを指している。

情報の量や質、伝達のスピードや範囲の拡大等も同様で、イギリスの郵便制度は、古くはヘンリー八世が一五一六年に「かれの秘書官であったブライアン・デュークを駅逓頭に任命した」ことをもって始まるとされているが、近代的な制度としては、サー・ローランド・ヒルの行った改革が特筆されるもので、一八三九年の「全国版ペニー郵便」によって、同年の「郵便取扱い数量は八、二四七万通」であったものが、翌年には「一億六、八七七万通、一八四二年には二億通にも達する」ようになり、この「一ペニー郵便がはたした役割は大きかった」[*12]という。

しかし、このような郵便制度が庶民の生活のなかへ浸透していくには、教育が普及して文盲が減少していくことが必要であった。一八四〇年代のイギリスにおける「識字率は四十から五十パーセントであった」が、一八七〇年の普通教育法の成立以後、次第にこれが向上するにしたがって、地方に住む人びとが郵便制度を利用し活用する程度も高まっていく。

同時に、郵便制度の発達は新聞、雑誌などの地方への発送も向上、充実させた。イギリス最初の日刊紙は、一七〇二年三月一一日にエリザベス・マレットという女性が『ロンドン・

デイリー・クーラント』という新聞を発行したことから始まるといわれるが、一七一一年になっても「週計部数が四万四千部」ほどでしかなく、したがってその読者のほとんどが都市のインテリたちであり、彼らは当時流行したコーヒー・ハウスや居酒屋でこれをゆっくりと読んでいた。

しかし新聞の発行量は着実に増加して、一七五三年には年間総計で七五〇万部になり、一七七六年には、ロンドンだけで「五三紙の日刊、週刊の新聞」が発行されるまでになる。[*13]

以上に述べたことからも明らかなように、交通機関や通信手段の発達は人びとの社会的空間感覚を必然的に拡大していかざるをえないものであり、それは、長い間、自分たちの村やその周辺の事情しか知らず、また行商人や旅行者などが持ちこんでくる遠い村や地方の、しかも数週間前か、あるいは数カ月前の断片的な出来事しか伝えられていなかった人びとに、それまでとは異なる質と量と速さの情報が伝えられるようになったことを意味している。このことは、それまでは部分を知ることだけにとどまっていた人びとに、いやおうなく全体を知らせること、また部分と全体の関係についても考えざるをえなくさせること、しかもそれまで以上の速さでそれぞれの情報に対応することが要求されるようになったことを意味している。視点を換えていえば、人びとの認識や対応が点から線へ、そして面へと拡大していかざるをえなくなったということであり、しかもその速さが要求されるようになったということである。

海外貿易に、あるいは植民地経営に多額の投資をしている多くのイギリス人にとって、正確で速い情報を得ることは死活に関する重要事であり、関心を持たざるをえないものであった。一八一五年六月二〇日、ネイサン・ロスチャイルドが独自の方法でワーテルローの戦勝のニュースをキャッチし、コンソル公債を操作して大金を得たことはあまりにも有名であるが、時代は、明らかに自分の住んでいる村やその周辺という部分的な社会的空間感覚のなかで生きていくことを葬りつつあったのである。

このような時代や社会の変化が、文化の選択、普及、定着という、生活のいろいろな面に変化をもたらしたことはいうまでもなく、たとえば一八二二年の『ジェントルマンズ・マガジン』誌は、「今日、フットボールは土曜日の午後に行われるもっとも一般的なスポーツ(the most common sport)になっている」という記事を載せているが[*14]、このような事態の出現も、またそれに倣う風潮も、ともに交通機関や通信手段の発達に負うところが大きく、確実にイギリスの各地へ浸透していった。一八六四年のことではあるが、『リーズ・マーキュリー』紙が、「午前七時から八時まで、ウッドハウス・ムーアでフットボールをする人を求む」

という広告を出したところ、ただちに五〇〇人を越える参加者があったという。リーズ市がロンドンからあまり遠くないという条件はあったにしても、交通・通信の幹線に近いところの住民はその恩恵を受けるところが大きく、この時代の人びとは、一方で社会的空間感覚を拡大しつつ、他方で地方的独自性を忘却、喪失しつつあったといってよい。そして、このような基盤の上に「空地のフットボール」に代わる「校庭のフットボール」が、またその発展形態としての「フットボール協会のフットボール」が浸透していくのである。

注

＊1――J. Strutt, "Sports and Pastimes of the People of England", London, 1810, p. 84
＊2――大塚久雄著『共同体の基礎理論』岩波書店、一九七〇年、四四頁
＊3――テンニエス著、杉之原寿一訳『ゲマインシャフトとゲゼルシャフト(上)』岩波文庫、一九五七年、八一頁
＊4――大塚久雄著、前掲書、四五頁
＊5――同上書、一〇六―一〇七頁
＊6――I・R・モア、前掲論文
＊7――小池滋著『英国鉄道物語』晶文社、一九七九年、二六、四九頁

＊8——角山榮・川北稔編、前掲書、二九一頁

＊9——W・シベルブシュ著、加藤二郎訳『鉄道旅行の歴史』法政大学出版局、一九八二年、五七頁

＊10——同上書、五七頁

＊11——D. Howse, "Greenwich Time and the discouery of the longitude", Oxford University Press, 1980, p. 84

＊12——星名定雄著『郵便の文化史』みすず書房、一九八二年、一三〇頁

＊13——磯部佑一郎著『イギリス新聞史』ジャパンタイムズ、一九八四年、五五頁

＊14——F・P・マグーン著、前掲書、七〇頁

「校庭」の成立

「校庭」の獲得

イギリスのフットボール史のなかに重要な位置を占めている「校庭のフットボール」がいつ頃その姿を鮮明にしたのか、また学校のなかに「校庭」と呼べる場所がいつ頃から設けられるようになったのかということは必ずしも明らかではない。

イギリスの学校教育は、六世紀末にローマからイギリスへ派遣された聖オーガスチンによる教会付属の唱歌と文法を教える学校の設立が最初といわれる。その後、一三八二年になると、ウィリアム・オブ・ウィッカムがウィンチェスター校を開設し、一四四〇年にはヘンリー六世がイートン校を創設する。このような風潮が次第に広まって、一五世紀末になると、「イギリス全土で文法学校が約三〇〇校存在する」[*1]といわれるようになり、「(エリザベス)女王の領土内において、少なくとも文法学校ひとつだにない都市はない」[*2]といわれるほどに学校教育は普及する。

しかし、その規模はウィンチェスター校についてみても、「教師陣は教師一名と助教師一名で、教室は縦・横それぞれ四五と三〇フィート」、生徒数は七〇名の「貧窮生（poor and needy scholars）」と授業料を支払う一〇名の「学外生（outsiders）」、および校外に下宿する若干名の「自費生（commoners）」という状況であり、[*3] その他の諸学校もほぼ同様であった。たとえばラグビー校でも、一六九五年から一六九九年までの五年間に入学した生徒の数は一三二人でしかなく、[*4] その内訳は、

二二人がラグビー校の近くに住む者の子弟
三七人が中部地方の小農場経営者の子弟
一三人がかなり遠方に住む者の子弟
八人がミッドランド地方の教区牧師の子弟
四人がリンカーン僧院の唱歌隊員の子弟
三一人が地主の子弟
八人が準男爵の子弟
三人が上院議員の子弟

1800年のラグビー校入学者の年齢と人数

年齢（歳）	5	6	7	8	9	10	11	12	13	14	計
人数（人）	1	1	1	1	3	4	4	4	2	3	24

1847年のラグビー校入学者の年齢と人数

年齢（歳）	9	10	11	12	13	14	15	計
人数（人）	2	3	8	20	38	40	24	135

（不明六人）

であった。同じようにウィンチェスター校でも一六八一年から一七〇〇年までの二〇年間は、もっとも生徒数の多い年で七九人、最低の年は二八人で、これに七〇人の貧窮生を加えたとしても一〇〇人から一五〇人くらいであった。[*5] しかも上表に示したように、一八〇〇年にラグビー校に入学した二四人の年齢差は五歳から一四歳までと大きく開いており、[*6] このようなことが他のパブリック・スクールにもあったとすれば、彼らが一緒に「校庭のフットボール」をするのは不可能なことであったといってよい。それでも、一七九八年にバトラー博士がシュルーズバリー校の校長になった時、同校の生徒はわずか二名でしかなかったというのと比べれば、[*7] その他の諸学校はまだ恵まれていた方であった。

一般に、パブリック・スクールではフットボールが盛んに行われたといわれることが多いが、しかしその内実は、以上のような校庭の有無や生徒数等に眼を移す時、必ずしもそれがすべて共通した現象であったとはいえず、いわれるような盛況は一九世紀も半ばを過ぎなければ出現しなかったのではないかと思われる。ラグビー校では、一八四七年になってもなお一三五人の入学者の年齢構成は前ページの表のようになっており、[*8]一四、五歳の暴れん坊と九、一〇歳の児童がともにフットボールを楽しむというのは無理なことであった。したがって、このラグビー校が一七四九年に「プレーイング・フィールドを手に入れた（playing field acquired）」にもかかわらず、そこでフットボールが行われるようになるのが五〇年後のことであると記されている[*9]のも理由のないことではなかったといえる。

一方、「この時期（一九世紀初頭）に、ゲームに賛成して当局が強力な措置をとったのはウェストミンスター校」であった。「一八一〇年十一月十三日、ウェストミンスター寺院の参事会は、同校の生徒たち用のプレーイング・フィールドとしてトットヒル・フィールドの十エーカーの土地を区画するため、三ポンド一シリングを支払った[*10]」。

おそらく学校が「公的な決定（official action）」としてフットボールをするための運動場の設置を認めたのはこれが最初であろう。しかしまた、学校がこのように「校庭」の必要性を認めるようになるには、それ以前に、このような決定をせざるをえないほど生徒が活発にフットボールを行っていたという前史がなければならず、これをウェストミンスター校についていえば、「タットル・フィールド（前記のトットヒル・フィールドのことと思われる――引用者）は長いこと生徒の運動場であった」という記述がこれを裏付けている。[*11] そしておそらく事態は他の学校も同様で、子どもたちの行う「校庭のフットボール」は、まずは「校庭」ではないところで「空地のフットボール」を真似て行うことから始まり、やがて「校庭」を獲得し、そこで「空地のフットボール」とは異なるフットボールを創出するという過程を辿ったと思われる。

校庭のフットボール

一五一九年、イートン校の校長が「われわれはふくらませたボールを蹴るスポーツをしている」とパッセージ・フットボールについて記したことは、この時代に子どもたちが学校でフットボールを行っていたことを裏付けるものではあるが、しかしこれが「校庭」で行われたのかどうかということまでは明らかにしていない。先のウェストミンスター校の事例を「校庭」設置の最初と考えれば、一六世紀のイートン校に「校庭」があったとは考えられず、したがってこの「ふくらませたボールを蹴るスポーツ」は、おそらく学校の建物からあまり遠くない「空地」で行われたにちがいない。しかもそれは、村や町の若者たちが行っていた「空地のフットボール」を真似たもので、むしろそれ以上に幼稚で未分化なものであったであろう。当時の学校は、「ラグビー、ハロー、シュルーズバリーは地区の住民のための学校として建てられた」と述べられているような条件下にあり、この頃の交通事情や人びとの社会的空間感覚から考えて、パブリック・スクールのほとんどがそれほど大きく「地区の住民のための学校」という条件から遊離した存在であったとは考えられず、したがって子どもたちの行っていたフットボールも、学校のある地域で行われていた「空地のフットボール」とそれほど大きく異なるプレーをしていたとは思われない。また一〇歳代の子どもたちの行うフットボールが、若者たちの行っていた「空地のフットボール」より「進んで」いたと考えることにも無理がある。

しかしマープルスも述べているように、「一六世紀に書かれたもののなかに子どもたちのフットボールについて述べたものは数多くあっても、学校で行われていたフットボール(school football)について述べたものはひとつもなく」[*12]、その詳細を知ることははなはだ困難である。そのようなかで、一六三三年に、アバディーン・グラマー・スクールの教師であったディビッド・ウィダーバーンが、フットボールをする時、子どもたちが話し合ったり、互いに指示し合ったりする時に用いていた用語を、「ボカブラ（vocabula）」と題するテキスト・ブックのなかに書き残しており、これを見ると、当時の子どもたちが「校庭」でどのようなプレーをしていたのかということを垣間見ることができる。[*13] 以下にその一部を紹介してみよう。

チームを決めよう　Let's pick sides.
君から（チームを）決めていこう　You have first choice.
俺たちはこちら側だ、早く来い　Those who are on side, come over here.
相手チームは何人だ？　How many are there in the other team?
（早く）キック・オフして試合を始めようよ　Kick off, so that we can begin the match.
こっちへパスしろ　Pass it here.
君はゴールを守れ　You keep goal.
相手よりも先にボールを取れ　Get hold of the ball before he does, if you can manage it.
奴を止めろ　Go on, intercept him.
奴を倒せ　Charge him.

ボールを後ろへ廻せ　Pass the ball back.
よくやった　Well done.
のろいぞ　You're slacking.
一点とったぞ　To score a goal.
これが最初のゴールだ　This is the first goal.

このようなことばを発していたということから、この学校で行われていたフットボールの全貌を知ろうとするのはもちろん無理であるが、しかし部分的、断片的な状況を想像することはある程度まで可能である。たとえばそれは、ゲームの前にチーム分けが行われ、相手チームの人数が確かめられ、誰かにゴール・キーパーの役割が振りあてられ、キック・オフでゲームが開始され、プレー中にはパスが用いられていたなどということで、少なくともこれらがマス・フットボールとは異なる形態であったことは明らかといってよいし、また「空地のフットボール」とも異質のフットボールへと発展していく可能性をもつものであったということもできる。

詳しくは後述するが、「空地」と「校庭」の決定的な相違は競技場の大きさにあった。マス・フットボールはもちろんのこと、「空地のフットボール」でも、ゴールとゴールの距離

ハロー校の寄付金の概要

年代	金額	用途	出所
	ポンド		
1851	1,000	バス・ルームの改造	校長（C. ボーン）の寄付
1864	2,300	ラケットとファイブズ用コートの購入	一般からの寄付*
1866	7,000	「フィルアスレティック」（クラブ）用のグラウンド（9エーカー）	同　上
1873	4,000	体育館の建設	ライアン記念基金よりの寄付
1884	3,000	「フィルアスレティック」（クラブ）用のグラウンド（5エーカー）	グリムストン記念基金よりの寄付
1885	18,500	フットボール用グラウンドの購入	バトラー記念基金よりの寄付
1891	800	ファイブズ用コートの購入	一生徒の父母からの寄付
〃	1,000	クリケット用グラウンドの購入	T. K. タプリングの遺産の寄付
1893	1,000	低学年用クリケット・グラウンドの購入	E. ボーエン（副校長）の寄付
1894	1,000	クリケット用グラウンドの購入	A. A. ハドーの遺産の寄付
1895	200	同　上	ベスバラー子爵の遺産の寄付
〃	5,500	クリケット・グラウンドの改造	ベスバラー記念基金よりの寄付
	19,000	フットボール用グラウンドの購入	一般からの寄付
	500	クリケット用グラウンドの購入	I. D. ウオーカーの遺産の寄付

（＊全校生徒の父母からの寄付であろうと思われる）

グラウンドの広さの変化（エーカー）

学校名	1845年	1900年
ハロー	8	146
マールバラー	2	68
アッピンガム	2	49
ランシング	0（1848）	14
ストーニーハースト	2	30
ロレット	0	22

は、少なくとも今日の数倍はあったと考えられる。しかも、それは必ずしも平坦とは限らなかった。もちろん初期の「校庭」が後の「校庭」のように「平らで良質の芝生」で被われているようなことはなかったであろうが、それでも二つのゴールは誰もがひと目で見通せる距離にあった。このような競技場の相違がゴールとゴールの中間で行われるプレーを変えてしまうことになるのであるが、それがフットボールの発達史上どのような意味をもつのかということについては後述することにして、もうひとつ重要なことは、一九世紀になると、学校教育に対する親や社会の期待が高まり、「校庭」を「平らで良質の芝生」で被うために莫大な経費が支出されるようになったということである。たとえばアッピンガム校では、校長のスリングが四〇〇ポンドの私費を投じて体育館やファイブズのコートをつくったが、これに呼応して若い教師たちが九一〇ポンドを寄付して二つのバス・ルーム、二つのクリケット場とパヴィリオンを建設した。[*14] この九一〇ポンドという金額は、当時の「成年男子の工場労働者のおおよその平均年収は六〇ポンド程度[*15]」という実情から考えて、ほぼその一五倍に

あたる。

このような例は単にアッピンガム校だけにとどまらず、一六九ページの表にも示したように、[16]ハロー校では一九世紀の後半期だけをとってみても総額で六五、〇〇〇ポンドに及んでいる。そしてこのような高額の寄付によって、右表にも示したように一八四五年にはわずか八エーカーしかなかったグラウンドが、一九〇〇年には一四六エーカーにまで拡大している。[17]

この六五、〇〇〇ポンドという金額はスポーツやゲームだけに関連する拠出金であり、そのほかにも校舎・寄宿舎・図書館などの建設、教師・雇員の増員、宗教・芸術・科学教育の充実などを目的に拠出された寄付もあったはずである。これらの総額がどれだけであり、しかもハロー校以外のパブリック・スクールも含めてこれを総計した場合、それがどんな高額になるかは想像を越えるものがあり、たかが一〇歳代の子どもの教育にと考えがちな通俗的観念では計れない教育への期待や意欲とそれを実現しえた富の集積に驚かざるをえない。

それが「イングランドの増大した国力と富に答え、あわせて新しい世紀が国の内外で要請したあらゆる種類のリーダーシップの必要に応じる」[18]ことを目的に展開されたものであったのはもちろんであるが、その背後で「リヴァプールの「奴隷船」はランカシャーの木綿製品の積荷をアフリカへ運んで、そこで黒人たちと交換し、そして大西洋を横断して奴隷を輸送

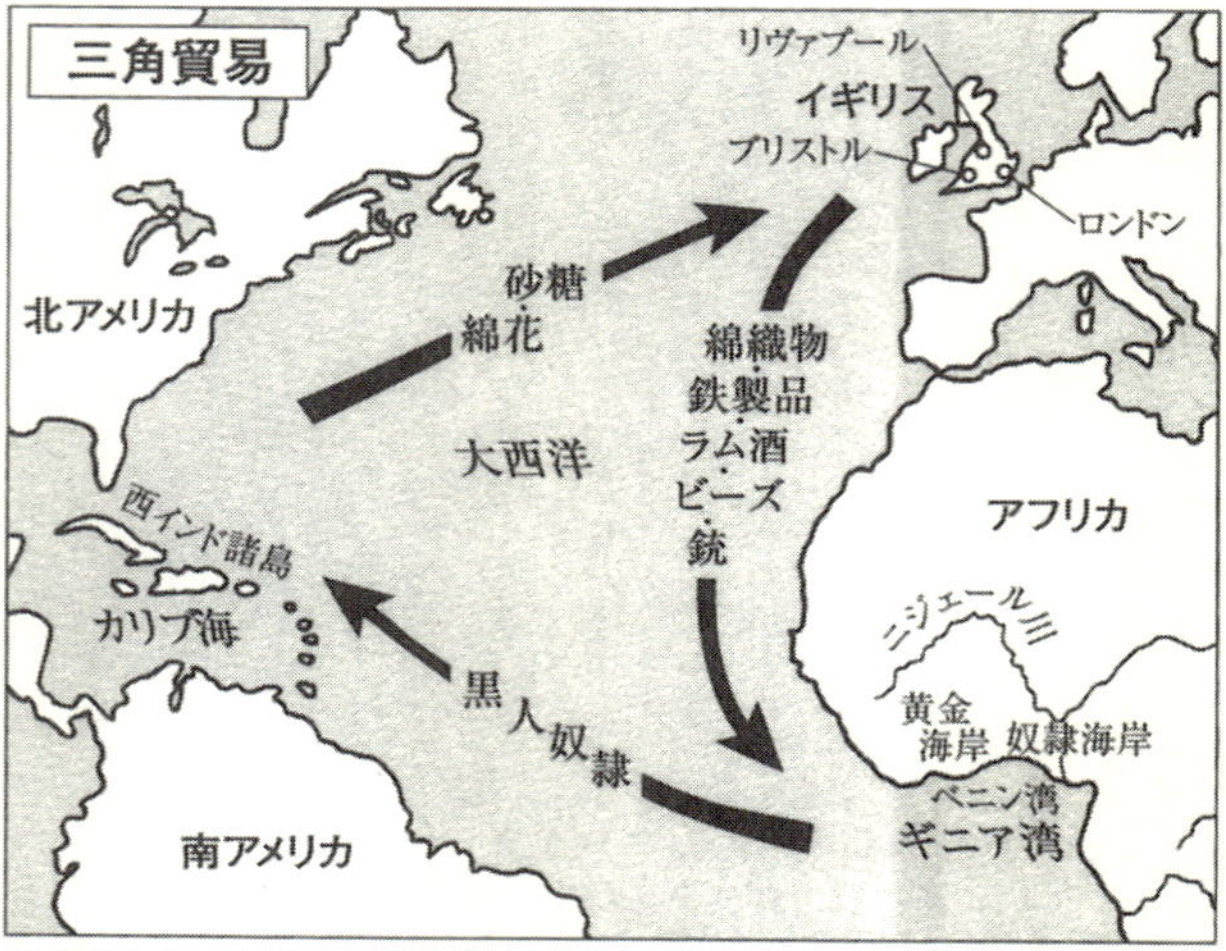

横井勝彦『大英帝国の〈死の商人〉』より

した。帰途の積荷は、煙草や砂糖のほかは原料の綿花だった[*19]」という、いわゆる「三角貿易」といわれる非人道的な行為が行われていたのであり、また国内でも、「北部、すなわち鉱山、鉄工場、木綿工場の多い地方」に、「イングランド農村のあらゆる部分から何千何万という少年少女を引き寄せ[*20]」て苛酷な労働に従事させるということが行われていたことも忘れるわけにはいかない。パブリック・スクールの華麗さ、豪華さの背後でこのような容赦のない収奪が行われていたのであり、「校庭のフットボール」はこのようにして得た富や余暇のなかで創りあげられたのである。

一エーカーとはほぼサッカー場一面の大きさで、先に示したハロー校の一四六エーカーというグラウンドの広さは、優に一〇〇面を越えるサッカー場を設けることができることを意味している。これらの「校庭」がすべて芝生であったのはいうまでもなく、このような十分過ぎるともいえるスポーツをするための条件の整備、充実がフットボールやクリケットなどを盛んにしたのであり、それが教師、卒業生、父母などによる物心両面の援助を背景にしていたことはいうまでもなく、「校庭のフットボール」の発展もこれに支えられて初めて可能であったのである。

注

＊1――田口仁久著『イギリス学校教育史』学芸図書、一九七五年、一一頁

＊2――越智武臣著『近代英国の起源』ミネルヴァ書房、一九六六年、三五九頁

＊3――田口仁久著、前掲書、一二頁

＊4――"The Public Schools and the General Educational System", Report of the Committee on Public Schools appointed by the President of the Board of Education in July 1942, HMSO, p. 11

●ハロー校の全景（矢印は1611年の校舎）

＊5――同上書、一七頁
＊6――同上書、四一頁
＊7――同上書、一二頁
＊8――同上書、四一頁
＊9――I・R・モア、前掲論文
＊10――P・M・ヤング著、前掲書、六五頁
＊11――P・C・マッキントッシュ著、前掲書、二四頁
＊12――M・マープルス著、前掲書、七〇頁
＊13――同上書、七一―七二頁
＊14――J・A・マンガン著、前掲書、一〇一頁
＊15――角山榮・川北稔編、前掲書、二九六頁
＊16――J・A・マンガン著、前掲書、二四一頁
＊17――同上書、七一頁
＊18――G・M・トレヴェリアン著、松浦高嶺・今井宏共訳『イギリス社会史(2)』みすず書房、一九八三年、四二六頁
＊19――同上書、三二〇頁
＊20――同上書、三八九頁

「校庭のフットボール」の特徴

個性的なプレーの喪失

先に「校庭のフットボール」ではゴールとゴールの距離が小さくなり、それが「空地のフットボール」とは異質のフットボールを生み出す重要な要件になったと述べた。以下では、これが何を意味していたのかということについてもう少し詳しく考えてみたい。

「校庭のフットボール」でゴールとゴールの距離が小さくなったということは、単にゴール間の物理的な距離が小さくなったということだけではなく、プレイヤーや見物人の心理や意識に、またプレーの仕方やその見方にも大きな変化をもたらした。

その第一は、マス・フットボールではもちろんのこと、「空地のフットボール」でも興味や関心の中心となっていた、ゴールとゴールの中間で行われるプレーがなくなった、あるいはその形式や内容を変えたということである。マス・フットボールや「空地のフットボール」でゴールとゴールの中間で行われるプレーは、たしかにボールをゴールへ運ぶことを目的として行われるものではあったが、しかしそれ以上に、このプレーは多分に個性的なものであり、また独立した性格をもつものであった。それは、単に一人がボールを持って走るとか、数人がボールを奪い合っているとかいうことではなく、見物人や参加者にとっては彼らの一人ひとりが靴屋のおやじであり、鍛冶屋の息子であり、馬具屋に働く若者であって、彼らは日常生活のなかで村や町の誰彼と天気の良し悪しや、作物の出来ぐあいや、商売のなりゆきについて話し合い、ともに喜んだり悲しんだりする間がらであった。

見かたを変えていえば、彼らは生まれ落ちたその日から互いによく知り合った間がらにあって、泣き虫であったか元気な赤ン坊であったか、どんないたずらをして牧師様に叱られたか、メイポール・ダンスの時にどこの娘にいい寄ったかなどのほとんどを村の誰もがよく知っている間がらだったということである。そのような彼らが原っぱを駆けまわり、互いにボールを奪い合い、なぐり合い、一緒に川に落ちるのが彼らの楽しみにしていたフットボールであり、それがゴールとゴールの中間で行われるプレー、というより活躍であり、働きぶりといった方がよいものであった。フットボールの楽しみや面白さは、このような特定の顔と名をもつ一人ひとりが、競技場のいろいろな場所で展開する活躍ぶりを見たり、励ましたり、冷やかしたりすることにあったのであり、時には興奮した老人が昔を思い出し、我を忘れて密集のなかへ飛びこんでいくということもあったりして、それもまた興を添えるものであった。このように誰もがよく知り合っている若者や壮年の男性たちがどんな活躍をし、どんな働きぶりを示すのかということを見る楽しみが、村びとたちすべての参加をうながしたのであり、勝敗とは別に、競戯が終わったあとで彼らの活躍のあれこれが、居酒屋や街角で話し合われ、笑いの種になったり、成長を認められたり、またいつまでも語り継がれる武勇伝になったりもしたのである。

このように、村びとたちが互いにより深く交流し合い、また知り合う時と場所は、フットボールに対する興味や関心の有無とは別に、村や町に住む人びとが、心の平穏や生活の安定や地域の発展等を願い、災害や不況や領主・地主の不当な支配などに立ち向かっていくために必要な地域共同体としての結束を固めるのに欠くことのできないものであった。だから、村や町に住む人たちのほとんどが参加したのであるし、参加しなければならなかったのである。

ゴールとゴールの中間に展開されるプレーはこのように人びととの日常生活と深く結びついており、それこそがフットボールの地方的独自性ともいえるもので、それはまたそれぞれの競戯場の構成とも結びついていた。

川のなかでボールの奪い合いが行われる地方では、競戯場とは川を含むものでなければならなかったし、草むらを駆けぬける敏捷な動きが関心を集める地方では、これを欠く競戯場は考えられないことであった。

ところが「校庭」にこのような条件を求めるのは無理なことであった。ウィンチェスター校のルールは、競技場が「平らな良質の芝生（good level turf）」でなければならないと規定している。このような条件は必要とあればどの学校も整えなければならなかったし、また整えることができた。

こうして「校庭」とは、川も草むらもない「平らな良質の芝生」で被われたものになり、遅くも一九世紀の初頭を過ぎる頃には、多くのパブリック・スクールがこのような「校庭」をもつようになっていた。またそれは、単に川や草むらがないというだけでなく、フットボールのプレーの仕方や楽しみ方までも「空地」とは異なるものに育てあげていった。たとえば「校庭」で行われる密集や突進はたしかに「空地」から学んだものではあったが、次第にそれ自身が興味や関心の対象ではなくなっていき、ゴール・イン＝得点＝勝敗を目的とするいくつかのプレーのなかの一部分という性格を帯びるものになっていった。言い換えれば、フットボールが勝敗重視の方向へとその性格を変えていき始めたということであり、一人ひとりの一挙手一投足が、それ自身が独立して興味や関心の対象になるのではなく、勝敗と関連する技能のうまさとして考察、評価されるものへと変化していったということである。トム・ブラウンが経験した学校側との試合のあとに開かれた祝勝会で、ブルック兄の行った演説は校長寮チームの結束を讃えるものではあったが、しかしこれは明らかに勝利を背景とするものであり、T・ヒューズの時代は、すでに勝敗主義がかなり浸透していた時代であったということができる。

チーム・プレーへの転換

このように「校庭のフットボール」は、ゴールとゴールの中間に展開されていた個人の特徴的なプレーよりも組織的なプレーを重視することによって新たな発展の方向を獲得することになったが、それはプレーにおける得点の比重が増大し、そのための技能の巧拙が重視されるようになったということで、少なくともそれまでのものと比べれば脱個性的な、したがってマッキントッシュのいう「組織的な」技術の開発・習熟が要求されるようになったということである。これが「校庭のフットボール」を特徴づける第二の重要な変化である。それは村びと一人ひとりの個性的なプレーと、それの寄せ木細工として成立していた過去のフットボールを、得点を主要目的とするチーム・プレーのフットボールへと転換させるもので、このような変化は競技場が小さくなり、二つのゴールが常に誰の視野にもはいり、プレーの全体が見通せるようになったことと深く関係している。

マス・フットボールでは、この競戯のすべてを見ることは誰にとっても不可能であったし、すべてのプレイヤーがすべてのプレーを知ることも、またその場にいることも不可能であった。したがってマス・フットボールは誰も部分以上を知ることができないものであり、全体を知ろうとしても、それは常に他人の話をつぎ合わせた寄せ木細工にならざるをえなかった。「空地のフットボール」でこのような状況は緩和されていたであろうが、それでもそのプレーは依然としてマス・フットボールの伝統を重視し、継承しようとするものであった。少なくとも、このような伝統から脱皮しようとする条件は内的にも外的にもなかったし、むしろ上流階級の人びとがこれを支持しなくなって「野蛮化」していったともいわれ、[*1]プレーの行われ方に大きな転換を生み出す契機は不明瞭であった。ところが「校庭のフットボール」は、誰もが常にそのプレーの全体を見ることができるという新しい条件をもつものになり、ゴールとゴールが近づいたことによって、その見かたやプレーが得点を中心に構成されるものへと変化していかざるをえなかった。これがゴールとゴールの中間で行われるプレーに集中していた興味や関心を勝敗の行方へと移行させる大きな要因になったといってよい。『トム・ブラウンの学校生活』のなかに「パンタバウト(punt-about)は練習用のボールである」という一文があるが、これはボールが試合用と練習用に区別されていたということを示していると同時に、試合を前提にした〈練習〉が行われるようになっていたことをも示している。

試合とは別に〈練習〉が独立して行われるようになるということは、なおそれが未分化であったとは想像されるものの、フットボールが、またその他のスポーツも、次第に計画性と統一性をもって行われるものへと変化しつつあることを十分にうかがわせるもので、実戦を想定して技術の高度化を目ざす〈練習〉の重要性がはっきりと意識されるようになったことを意味している。これが「空地のフットボール」になかったことは明らかで、「校庭」はこのような大きな転換も生み出す母体となったのである。

しかし第三に留意しておくべきことは、だからといって「空地のフットボール」の伝統、とりわけそのプレーにおける密集と突進の連続ということから直ちに脱却することはできなかったということである。「校庭のフットボール」が粗暴さから脱却できなかった理由として、E・ダニングらはプリーフェクト・ファギング制をあげている。この制度は、上級生が下級生を保護し、下級生がその雑用係を務めるという相互義務関係的なものであったが、実質的には上級生が下級生に支配権を行使する手段を合法化するものとなっており、それが極めて横暴かつ暴力的であったことも多くの手記の伝えるところである。このような制度が一般化した背景には、パブリック・スクールが富裕な慈善家によって設立された財団学校で、「校長は理事会によって任命された有給の使用人」[*2]であったため、その地位が低く、生徒に対する指導・監督が不十分であったことや、パブリック・スクールに息子たちを送っていた親たちの「出身階級の特徴であった剛毅を是とする規範が……少年たちに「男らしさ」と「独立心」を訓練する」[*3]ことに強い同意を与えていたことがあげられる。一方で教師たちの指導・監督が不十分、他方で上級生の支配権が無制限に行使される時、彼らの行為が粗暴性を帯びるのは当然といってよく、それはフットボールにおいてだけではなく寮生活においても同様であり、それはトム・ブラウンがいかにフラッシュマン（上級生のひとり）の弱い者いじめから逃れようと苦労していたかを見れば明らかである。

学校生活がこのような粗暴性を許容し、フットボールもまた密集と突進をそのプレーの特徴にしていたという条件のなかで、これの行われ方のなかから荒々しさを取り除くのは不可能に近い。したがって「校庭のフットボール」が「空地のフットボール」のもつ粗暴性から脱却することは容易でなく、一八四〇年代以降になって、漸くプリーフェクト・ファギング制の改革、あるいは医学や保健衛生思想の普及などを背景に次第に排除されていくのである。

第四に、余暇時間が豊富になり、これを利用して十分にスポーツを行うことができるようになったという条件をあげることができる。

阿部生雄によれば、「ゲーム活動に直接的な影響を与える半日休日の設定の仕方には四つの型」があったという。*4

A型　火・木・土曜日の三日を当てる方式……イートン、ハロー、ラグビー

B型　水・土曜日の二日を当てる方式……ウェストミンスター、チャーターハウス、セント・ポールズ

C型　土曜日のみを当てる方式……マーチャント・テイラーズ、シュルーズバリー

D型　ハーフ・レミディ（half remedy）の方式……ウィンチェスター（ハーフ・レミディとは、午前と午後の授業の間に三〜四時間をゲーム活動に当てる方式をいう）

このような半日休日の制度が子どもたちの日常的なスポーツ活動を十分に保障し、活発化させたのは当然で、イートン校がクラレンドン委員会に報告した（一八六〇年代初頭）内容の

なかに、「一般のクリケター（クリケット愛好者）は半日休日には五時間、平日には二時間、キャプテンとなると常時、五時間の練習が必要」と述べられていたという。クリケット用のグラウンドだけでも三八エーカーの広さがあり、そのほかにウィンザー城の下に広がる広大なフットボール用グラウンド、校内を流れるテームズ河ではボートやヨットの練習もできるという環境と半日休日という制度が、イートン校の生徒たちのスポーツ活動の日常化を生み出さないはずはなく、これが土曜日や農閑期だけに行う以外にない「空地のフットボール」と、その基底的条件において大きく相違していたことは多言を必要としない。

イートン校ほどには恵まれていなかったとしても、その他のパブリック・スクールもまた半日休日の制度を採用して子どもたちに戸外でスポーツを行う時間を保障し、それを奨励していた。これは次ページの表のような「表彰制度」によっても明らかで、阿部によればこのような「表彰制度」は、「一八三〇年代から一八五〇年代にかけて（学業優秀者に与えられるものとして）導かれ[*5]」、一九世紀の後半期からは「ゲーム関係」が「学業関係」を凌駕するように変化する。

このような恵まれた条件を背景に、ハロー校では一八五三年に「フィルアスレティック・クラブ」を結成し、同校における「あらゆる男性的なスポーツと運動の奨励と促進[*6]」（同ク

表彰制度

<table>
<tr><td rowspan="2">学校名
年代
賞</td><td colspan="4">ハロー校</td><td colspan="4">マール バラ校</td><td colspan="4">アッピン ガム 校</td><td colspan="4">ランシン グ 校</td><td colspan="4">ロレッ ト 校</td></tr>
<tr><td colspan="2">1860〜1890</td><td colspan="2">1891〜1931</td><td colspan="2">1860〜1890</td><td colspan="2">1891〜1931</td><td colspan="2">1860〜1890</td><td colspan="2">1891〜1931</td><td colspan="2">1860〜1890</td><td colspan="2">1891〜1931</td><td colspan="2">1860〜1890</td><td colspan="2">1891〜1931</td></tr>
<tr><td>ゲーム関係の賞のみ （人）</td><td colspan="2">1</td><td colspan="2">15</td><td colspan="2">0</td><td colspan="2">12</td><td colspan="2">2</td><td colspan="2">6</td><td colspan="2">10</td><td colspan="2">30</td><td colspan="2">13</td><td colspan="2">49</td></tr>
<tr><td>学業関係の賞のみ （人）</td><td colspan="2">20</td><td colspan="2">17</td><td colspan="2">20</td><td colspan="2">19</td><td colspan="2">16</td><td colspan="2">11</td><td colspan="2">5</td><td colspan="2">1</td><td colspan="2">0</td><td colspan="2">0</td></tr>
<tr><td>両方の賞 （人）</td><td colspan="2">7</td><td colspan="2">8</td><td colspan="2">9</td><td colspan="2">15</td><td colspan="2">7</td><td colspan="2">23</td><td colspan="2">10</td><td colspan="2">10</td><td colspan="2">14</td><td colspan="2">13</td></tr>
<tr><td>両方無し （人）</td><td colspan="2">6</td><td colspan="2">4</td><td colspan="2">0</td><td colspan="2">0</td><td colspan="2">1</td><td colspan="2">4</td><td colspan="2">0</td><td colspan="2">6</td><td colspan="2">2</td><td colspan="2">0</td></tr>
<tr><td>合　計 （人）</td><td colspan="2">34</td><td colspan="2">44</td><td colspan="2">29</td><td colspan="2">46</td><td colspan="2">26</td><td colspan="2">44</td><td colspan="2">25</td><td colspan="2">47</td><td colspan="2">29</td><td colspan="2">62</td></tr>
<tr><td>(1) ゲーム
(2) 学　業</td><td>8</td><td>27</td><td>23</td><td>25</td><td>9</td><td>29</td><td>27</td><td>34</td><td>9</td><td>23</td><td>29</td><td>34</td><td>20</td><td>15</td><td>40</td><td>11</td><td>27</td><td>14</td><td>62</td><td>13</td></tr>
</table>

ラブ規約第一条）を目的とする活動を開始する。このクラブは同校におけるすべての自治的なスポーツ活動の統轄団体であり、また「さまざまなスクール・ゲームにおける活躍」や「ローズ（ロンドンにある有名な競技場）の試合でのめざましい活躍」を表彰する行為まで認められていた。後のシェフィールド・フットボール協会やフットボール協会の結成にあたって、その中心的な役割を果たした人びとのなかに同校の卒業生が加わっていたことは、この「フィルアスレティック・クラブ」における組織的な活動の経験が背景となっていたようにも思われる。

「校庭のフットボール」に見られる特徴として、以上のほかにもユニフォームを整えるようになったとか、レフェリーの権限を強めていったとかいうこともあげられるが、ここではとりあえずオフサイド・ルールの登場と直接的な関係をもつと思われる以上の四点をあげるにとどめ、このような変化は単にフットボールだけではなく、陸上競技にも器械運動にも同時代的現象として起こり、その背後に産業革命という、この時代特有の文化的・社会的変化があった。以下ではその一例として木登りが鉄棒運動へと変化していった過程について考えてみたい。

子どもの遊びである木登りで、同じような枝ぶりの、同じような木の実がとれる、同じような樹上のひと眠りが楽しめる木をどこにでも求めることは不可能である。したがって木登りの木に普遍性を求めることはできず、子どもたちはそれぞれの木の枝の、高さや太さやたわみ具合や曲がり具合に応じて、さまざまなぶら下がり方、揺すり方、上がり方、そして樹上での集団遊びなどを工夫し、楽しんでいた。それは子どもたちに枝ぶりの良さを見分ける力、仲間たちにそれを伝える力、それぞれの木の形状に合う登り方を発見する力、遊びを楽しくつくりあげる力などをつけさせるものであった。ところが鉄棒は、その太さ、高さ、硬さを、また上がり方や下がり方やその方向までをも一定にし、楽しさや苦しさまで同じにさせてしまうものであった。

つまり鉄棒運動は、木登りから、かつてそれがもっていた個性的な、また互いにその独自な技術を交流し合う楽しみを奪い去り、これを機械的な学習や訓練に変えてしまったといえる。馬跳びが跳び箱になり、牧場の柵渡りが平均台に変わったことについても同じことがいえる。

このような変化は、一方で、個性的あるいは地方的独自性を失わせたが、他方で、普遍的で、しかも木登りでは見ることも行うこともできなかった高度な技術を生み、それを学校と軍隊と、そして大競技会を通じて世界へ広めていく役割を果たしていった。普遍的な技術の開発、発展を可能にし、人工のもつ「自由」を認知させたのである（これに限界があることに気付くのは一世紀後のことである）。

古い秩序の崩壊

「校庭」で行われるフットボールが内包していた変化もこれとほぼ同じようなもので、その背後に近代の学問や技術が創出した普遍性の追求とその普及、発展という新しいパラダイムが出現した。

さらにゴールとゴールの距離が縮小されることによって生じたフットボールの変化は、鉄道の出現によって目的地間の時間的、心理的な距離が縮小した旅の変化とも極めてよく類似している。鉄道が出現する前の旅は徒歩が普通であり、馬や馬車が主役であった。このような時代の旅人は、自分が休みたいと思うところで足をとめ、自分が見たいと思うところで馬を休ませ、ゆっくりと風景を味わい、楽しみ、それらの一つひとつを正確に記憶に残すことができた。しかし、鉄道は出発点と目的地との時間的、心理的な距離を縮小することによって、それまでの旅のもっていた出発点と目的地との間の中間の「時間と空間を抹殺」し、旅人を「旅の目的地のことしか念頭にない」[*7]状態に追いこんだ。これはフットボールでいえば、「ゴール・イン」が意識の上でも技術の上でも中心に位置づいたのに似ている。

鉄棒運動や鉄道やフットボールに生じたこのような変化がほぼ同時代に進行したということは、それが単なる偶然ではなく、このような変化を生み、またそれが広まり定着していく文化的・社会的条件の変化があったことと無関係ではない。たとえばそれは学問や技術の進歩であり、人びとの生活の仕方や考え方の変化であり、古い社会秩序の崩壊であった。E・J・ホブズボームは「工業化の第一段階で主要だった技術的発明には、これほど高度の科学的知識は必要でなかった」が、「一九世紀半ばからしだいに事情が変わって」いき、「(大学の)教授たちが産業的な意味でかつてないほど重要な存在」となり、「研究実験室が産業発展に不可欠の一部をなすもの」になったと述べ[*8]、このような学問の進歩と工業化の進展のなかで「一八六五年のイギリスにおける製鋼業者のうち、八九パーセントが中産階級の家族の出であり、七パーセントが中産階級下層から、そしてわずか四パーセントが労働者の出身であった」と述べている。[*9]

工業化がこのような結果を生み出す方向へと進んでいくなかで、学問や技術、資本の集中と投資、あるいは法律、会計、事務等を学び、その能力を発揮していったのは中産階級に属する人たちであり、彼らは「インクとノート」を片手に巨富を手にし、次第に社会の前面に躍り出ていった。

一方、「生まれながらのジェントルマン」は、そのすべてではないにしても、少なくない人たちが「飼犬とかあるいは馬、ないしはスポーツまた酒瓶などをもって彼らのビジネスの対象と心得、……この科学の進歩の著しい世にあってニュートンとかロック、ボイルなど、一流の学者の輩出する時代にありながら、……その子どもに対し、学問と進歩の重要性を説くことをせず、逆にそうしたものへの根強い反感を植えこみ……むしろ学問のないことを誇る傾向」[*10]を残し、家柄と身分を誇っていた。フットボールの真髄は荒々しさにあり、それを恐れず密集に飛びこんでいくことが「男らしさ」であると考えていたのはこのような人たちであった。だが彼らを頂点におく社会の秩序は次第に、しかも大きく崩れつつあった。「校庭のフットボール」がその近代的特徴を示し始めるのは、イギリスを支えてきたこのような社会秩序が崩壊しつつある時代であったのである。

注

*1——E・ダニング著、前掲書、四九頁
*2——同上書、五九頁
*3——同上書、六五頁
*4——阿部生雄「クラレンドン委員会報告(一八六四)にみるゲーム活動の状況」(『東京学芸大学紀要』第五部門、一九八三年、一五九頁)
*5——阿部生雄「パブリックスクールにおけるゲーム活動組織化の原理」(『体育史研究』一号、一九八四年、一八頁)
*6——J・A・マンガン著、前掲書、二二五頁
*7——W・シベルブシュ著、前掲書、七六頁
*8——E・J・ホブズボーム著『資本の時代(上)』みすず書房、一九八一年、五八—五九頁
*9——同上書(下)、一九八二年、三四一頁
*10——山下幸夫著『近代イギリスの経済思想』岩波書店、一九六八年、二〇四頁

長時間享受と一点先取

五日間の連続試合?

本書の最初にも述べたように、スポーツのルールに関する「疑問や不思議」は無数にあって、そのすべてに答えるのは誰にもできないことである。しかしそうであるからといって不思議と思うことや「なぜ」と問うことを封じるべきではなく、一九世紀中頃のイギリスでは、多くのパブリック・スクールや大学で、新入生がスポーツのルールについて「なぜ」と問い、在校生がそれに答えるのに苦慮するということが起こっていた。産業革命が後半期に移り、新興ブルジョアジーの子弟が大量に進学するようになったのが原因で、以下ではそれをラグビー校のフットボールを主たる対象に考察していくことにしたい。

T・ヒューズは一八三四年、一一歳でラグビー校に入学し、四一年に一八歳で卒業するが、その間の学校生活を『トム・ブラウンの学校生活』という作品に描き、われわれは同書のなかの「ラグビー校とフットボール」という一章を通して当時の同校のフットボールを知ることができる。彼はこのなかで、トムのいとこのイーストに、ラグビー校のフットボールは「君らの私立学校でやっているゲームとはわけがちがう」と話させている。[*1] いろいろな地方の学校から多くの生徒が進学してくるということは、それぞれの学校で行われていたフットボールのルールやプレーの仕方が持ちこまれるということであり、ルールの違いによるトラブルの増加が避けられない。そこでラグビー校では、一八四四年、三人の委員を選んで同校のフットボール・ルールを成文化することにし、それによってルールの周知を図り、トラブルの発生を防ごうと考えた。翌四五年、世界で最初の成文化されたフットボール・ルールが完成し、これに刺激されてイートン校やハロー校なども自校ルールの成文化に着手する。これらの諸学校は、もともと地域の子どもたちのための学校として創設されたということもあって、出来上がったルールにはそれぞれの地域に伝わる「祭りのフットボール」の性格や特徴が含みこまれていた。そこで以下では、これらに共有されていた「長時間享受」の要求、「一点先取」のルールとオフサイド・ルールやゴール・キックなどとの関係について考えてみたい。

全体が三一カ条（翌四六年の改訂では三七カ条になる）のラグビー校のルールの第二〇条（翌

年の改訂では第三二条）は、「試合が無得点であれば、五日あるいは三日後に引分けとする（All matches are drawn after 5 days or after 3 days if no goal has been kicked）」と述べている。[*2] これは当時の試合が無得点のまま五日間か三日間続けて行われることがあった、というよりもそれが普通だったということを示すもので、彼らがなぜこのようなルールで試合をしていたのかということを知る必要が生じてくる。というのは、このルールが勝敗を争うことよりも「長時間享受」の方を重視するという彼らの競戯観を示しているように思われるからで、オフサイド・ルールやゴール・キックの方法もこれと深く関係しているはずであり、これらを明らかにすることによって「校庭のフットボール」を支え、それをフットボール協会創設にまで発展させた愛好家たちの競技観がわかるのではないかと思われるからである。

歴史的な資料を調べていて困るのは、その時代の人びとが当然と思っていたことが記録されていないことが多いということである。たとえばこのラグビー校のルールにはボールが楕円球でなければならないという条文がなく、大きさや重さの規定もない。また前記の第二〇条も同様で、この時代のラグビー校の生徒にとって、三日間あるいは五日間の連続試合は、その理由を書き記す必要がないほど当然のことだったのであろう。しかし一五〇年後のわれわれにとってこのルールはほとんど理解しがたいものといってよく、そのため彼らがなぜこれを当然のこととしていたのかということを他の資料から推定しなければならなくなる。それが同意の得られる結果であればよいが、誤ることもしばしばあって、その時は不明を詫びるしかなく、ここで考察しようとしている「祭りのフットボール」に包摂されていた「長時間享受」の要求と「一点先取」のルールが、オフサイド・ルールやゴール・キックの方法などの規定の原因という推論も誤認でないことを祈るほかはない。

T・ヒューズは前記の著書のなかでブルック兄が行ったゴール・キックの成功を、「ゲーム開始から一時間に一ゴールというのは、校長寮チームのこの五年間の試合になかったことである」と述べている。この「一時間に一ゴールが五年間に一度もなかった」というのは、仮に一年間の試合数を一〇〇回と想定すると、五〇〇回の試合で「一度もない」のがこの「ゲーム開始から一時間に一ゴール」であるということになる。それほどラグビー校のフットボールは得点のむずかしいゲームであった、というよりも意図的にむずかしくしていたといってよく、それは勝敗を争い、優劣を決めることよりも「長時間享受」の要求の方が強かったからで、なぜそうであったのかということが明らかになれば、前記の第二〇条が成立、承認された理由も明らかになる。そしてこれは同校の生徒の多くがこの地方の出身者であったということから考えて、この地方に伝わる「祭りのフットボール」が「長時間享受」の特徴をもち、それが同校のルールに反映したのであろうと推察することができる。もっとも、「長時間享受」はこの地方だけの特徴ではなく、当時のイギリス各地で行われていた多くのフットボールも同じような特徴をもっていたから、その理由を明らかにしなければ、なぜ彼らが「長時間享受」に強い関心をもっていたのかもはっきりしないことになる。

この時代のイギリスで行われていた「祭りのフットボール」がすべてそうであったとはいえないが、われわれの知っている少なくないフットボールが、午後の一時か二時に、牧師が教会の窓からボールを投げることで競戯を開始し、大抵は夕方まで、時には夜までそれを続けたと伝えられている。彼らはなぜこのような「長時間享受」の競戯を行ったのであろうか。詳細を述べる余裕はないが、このフットボールの多くは路上あるいは村の全域を競戯場にして行われるもので、今日のサッカーやラグビーとは大きく異なっている。そしてこれが「長時間享受」という特徴をもっていた理由として考えられるのは次のようなことである。

イギリス人は長い歴史のなかで「多民族社会」を形成したが、この社会は、そのままでは相互の信頼が薄く、秩序や安全に不安のある社会であった。人びとはこのような生活環境のなかで「社交」を深めることが重要であるということに気付き、そのためのさまざまな手段や方法を考え、実行し、その精神や形式を尊重した。フットボールはそのような《社交》の手段のひとつであり、その効果を高めるために全員参加と「長時間享受」は欠くことのできない条件で、それがラグビー校のフットボール・ルールにも反映、吸収されたのであろうと思われる。

ラグビー校のフットボールはこのような地域のフットボールの影響を受けて、勝敗を争うことよりも「長時間享受」をその特徴とし、結果的にこれは植民地を含むイギリス各地からやってきた多様な生徒による「多民族社会」という同校の生徒集団を統合することに貢献し、他校もこれを参考とした。

「長時間享受」のための方策

アントニー・グリンは『イギリス人――その生活と国民性』という著書のなかで、「現代アメリカ人が多数の民族や人種の混血によって成り立っており、同じことがフランス人についてもある程度いえるとすれば、ブリテン人もその点では少しも変わりはない」と述べている。[*3] つまりイギリスも「多民族社会」であるということで、グリンはそれを紀元前六〇〇年頃から説き起こしている。またアメリカについて亀井俊介は、「すぐれた社会文化史家」のディクソン・ウェクターが、アメリカ人は「不安定な国民」で、その原因は多民族性にあると述べていることを紹介している。[*4] A・グリンによればイギリス人もこれと同じで、そのような社会で相互理解を深め、平和で安全な生活環境をつくろうとしてイギリス人は競戯の効用を知り、その方法あるいは形態として勝敗を争い、優劣を決めようとするよりも「長時間享受」の方が望ましいということを経験的に知ったのであろう。パブリック・スクールも全国各地からやってくる生徒で構成されている多民族社会といってよく、そこで「長時間享受」を選択、重視したのは先人の知恵を継承する当然の、また賢明な方策であった。

「祭りのフットボール」が昼過ぎから夜までの「長時間享受」を一般的な形態としていたのは既述の通りで、一九世紀中頃の「校庭のフットボール」は、なおまだこの伝統を引き継いでいて、得点が少ないというのも「祭りのフットボール」の「一点先取」のルールを引き継ぐものであった。

この「一点先取」というルールは、ボールがゴールへ持ちこまれれば勝敗の行方が決まるだけでなく、それと同時に「祭り」も終わるということを意味していた。したがってそれは、何かの手違いで、競戯が始まって一〇分か二〇分の間にボールがゴールへ運びこまれるということでもあれば、年に一度の「祭り」がその瞬間に終わってしまうというルールでもあり、村びとたちにとってそのようなことは絶対にあってはならないことであった。そのため彼ら

●ダンス・ハンド・バーのボール

は競戯時間が長くなるようにさまざまな仕掛けや趣向を考え、受け継いでいた。ゴールとゴールの距離を大きくすることや参加者を多数にするなどはその具体例で、吉田文久が観戦したスコットランドのダンス・ハンド・バー（Dans Hand Ba'）は、銀色、金色、赤と黒の三種のボールをこの順序で用いる、いわば三回戦方式とでもいえる形式でプレーされていたという。[*5]これが「長時間享受」のための方策であることは明らかで、「校庭のフットボール」が全校生徒の同時参加を主流にしていたのも同じような理由からであり、オフサイド・ルールもこれを受け継ぐなかで考えられたルールであった。フットボールをする場所が「道路」や「空地」から「校庭」へ移った時、そこでも「長時間享受」が可能であるようにするためには、何よりもまず、不心得者が得点を目的にゴール前でボールをもらおうと「待ち伏せ」たり、ラインが曖昧なのを利用して、見物人の間を駆けぬけてゴールへランニング・インしようとしたりする勝利主義的なプレーを防がなければならなかった。そのために考えつかれたのがオフサイド・ルールであり、それは「一点先取」のルールに拘束されているなかで「長時間享受」を可能にするための苦心の着想であった。やがてT・ヒューズが「試合は三つのゴールの二つを争うのだ。つまりゴールに二回ボールを蹴りこんだ側が勝つのさ」と述べているように「二点先取」のルールへと変わっていくが、それでもオフサイド・ルールが変化も消滅もしなかったのは、彼らが勝敗にこだわらなかったから、というよりはこだわる理由や条件がなかったからで、その最大の理由は生徒数にあったと思われる。

T・ヒューズが描いているラグビー校のフットボール試合は、「五〇名の校長寮の生徒対一二〇名の学校側の生徒」で行われたと記されているが、全校生徒数は三〇〇名とも記されているから、一三〇名の不参加者がいたということになる。

ここで簡単に同校の寮生活を説明すると、校長寮とは、校長夫妻が寮長のような役割を受けもつ三〇~四〇名の生徒が起居をともにする寮のことで、学校側とは、それぞれが独立した七つの寮に四〇~五〇名の生徒と専属の教師夫妻が生活している寮のことである。それぞれの寮には三年級から六年級までを六段階に分けた生徒が生活しており、既述のように彼らの年齢差と体力差はかなり大きく、試合に不参加だった生徒のなかには若年が理由だったものもいたと思われる。

全校生徒がこのように組織されているなかで、校長寮の生徒は常に学校側の全員と試合をするという慣習が定まっていたとすれば、この試合は五〇名対二五〇名の対戦ということになり、たとえブルック兄弟がどのように活躍しようとも勝敗の帰趨は明らかで、これは勝敗にこだわる理由が存在しないということを意味する。

もっともこれはT・ヒューズの作品から推察したことで、事実と断定するには無理があるが、しかしラグビー校だけでなく、その他のパブリック・スクールでも、生徒数が少ないなかで一チームの人数は多いという試合が普通であったとすれば、これは対戦相手に変化がないということでもあって、勝敗にこだわる理由が稀薄になってこざるをえないということになる。これはわが国の大相撲で同部屋対決が行われないのと同じといってよく、体育の授業中の試合と対外試合は異なるというのとも同じである。そこでこのようなマンネリから脱するために彼らが考えたのは、「ディシラブル（姓が二音節の生徒）対全校生徒」「姓の頭文字がAからKまでの生徒対LからZまでの生徒」などというチーム分けで試合することであった。*7

交通が不便な上にルールが異なるため対校戦を行うのがむずかしかったというのも、試合が勝敗中心主義的な傾向を帯びるのを妨げたといってよいであろう。

勝敗中心主義への動き

しかし、寮対抗戦の実情がそうであったとしても、「近代スポーツの父」といわれることさえある一九世紀のイギリスの若者たちが勝利を争う面白さを知らなかったはずはなく、したがって、もしも彼らがフットボールを勝敗中心主義的な性格のボール・ゲームにつくりあげようとすれば、それができたはずであると考えられる。しかし彼らはそうしなかった。おそらくこの答えもまた生徒数にあったといってよいであろう。というのは、パブリック・スクールもまたインド、南アフリカ、オーストラリアなどから入学生を迎え入れている「多民族社会」であり、彼らを含む友好的な集団づくりのために「長時間享受」を重視する必要があったし、オフサイド・ルールやゴール・キックも同様だっただろうと思われるからである。

周知のようにラグビーはゴール・ラインの背後にあるイン・ゴールと呼ばれている地域の地面にボールを触れさせることを争ってプレーされ、これの成功をトライと呼んで、現在はこれに三点を与えている。しかし前記のルールが成文化された頃、このトライは得点にならず、文字通りゴール・キックに「トライ」する権利が与えられるだけのものであった。

前述のようにラグビー校でルールの成文化が行われてから約三〇年後、ラグビー・フットボール・ユニオンが一八七一年に結成されてから三年後の一八七四年、チェルテナム・カレッジから「三回のトライは一個のゴールと等価」と考えることにしてはどうかという提案が行われた。しかしラグビー・フットボール・ユニオンはこれを斥け、それから一二年後の一八八六年になってようやく「一回のトライに一点を与える」ことが決められた。一八九四年になると一回のトライに三点を与え、ゴールの成功には五点を与えると決められた。この五点はゴールの成功に五点を与えるということであって、トライが三点、ゴールが二点ではなく、ゴールの成功と同時にトライは消滅してカウントしないとルール集に記されている（in which case the try shall not count）。*8 これがトライの本来の意味を後世に残そうという意志を示すものであることはいうまでもない。

今日のわれわれは、ボール・ゲームとは得点の多さを争うもの、相手より多く得点して勝利を得ようとするものと考えていることが多い。たとえば野球のルールは、「各チームは、相手チームより多く得点を記録して、勝つことを目的とする」（一・〇三）、「正式試合が終わったとき、本規則によって記録した得点の多いほうが、その試合の勝者となる」（一・〇三）と述べている。このように「勝つことを目的とする」とはっきり述べたルールをもつボール・ゲームを野球以外に知らないが、しかしそういう条文がないから勝とうとしなくてもよいとはいえず、試合とは勝とうとすべきものであるとわれわれは考えている。

ところが一九世紀のイギリスで行われていたフットボールは、ラグビー校だけでなく、その他のパブリック・スクールやフットボール・クラブも、より多く得点して勝利を得ようとすることよりも、プレーを長い時間楽しむことの方を重視し、そのために得点できにくいルールでプレーするように仕組んでいた。ラグビーのゴール・キックはその具体例といってよい。

一八六三年、パブリック・スクールの卒業生を中心にフットボール・アソシエーションが結成され、同時に会則や統一ルールも承認されたが、このルールの第七条は次のように述べている。「ボールがゴール・ラインの後方（グラウンドの外）へ出ていったとき、そのボールに守備側のプレイヤーが最初に触れた（first touch）場合は、その地点からゴール・ラインへの垂線を想定し、それがゴール・ラインと交わる地点からのフリー・キックを与える（後にゴール・キックとなる）。しかし攻撃側のプレイヤーが最初にこのボールに触れた場合は、その地点からゴール・ラインへの垂線を想定し、それをゴール・ラインの内側一五ヤードまで延長した地点にボールを置き、ゴールに向かってフリー・キックする権利を与える。この時、守備側のプレイヤーはゴール・ラインの後方に位置していなければならない（後にコーナー・キックとなる）」。

このルールの後半部、「攻撃側のプレイヤーが最初にこのボールに触れた場合」のプレー再開の方法がラグビーのゴール・キックに似ていることは誰でもすぐに気付くことであろうが、これがラグビー校で考え出された方法であるというのは誰でもよく知っていることで、T・ヒューズが「五年間に一度」と述べたほどその成功率は低く、得点を得る方法をこのようにしておけば「三日あるいは五日」くらいは試合を続けることになるだろうと考えて生まれたのがこの方法だったのだろうと思われる。しかしそれにしても彼らはなぜこのような方法を認め、また実行したのであろうか。

E・ダニングらによれば、イートン、ハロー、ラグビーなどの間で「有名校争い」とでもいうようなことが起こり、[*9]互いに他校と異なる建学の精神、服装、カリキュラム、寮生活などを創出しようとし、そのなかでラグビー校の生徒たちは楕円球、H字型のゴール、ボールを手に持ってゴールへのランニング・インなどの他校と異なる特徴のフットボールを考え出し、それを一八三九年にアデレイド皇太后が同校を訪問して観戦するということがあり、これによってラグビー校は他校よりも一歩先んじるとともに、ラグビー校式のフットボールの存在も広く社会に知らせることになったという。

わが国では、一八二三年にウィリアム・ウェッブ・エリスという生徒が、興奮のあまりボールを手に持ってゴールへ飛びこんだことを契機にラグビー・フットボールが生まれたという伝説を信じている人が多いが、これを証明するのはほとんど不可能で、同様に楕円球、H字型のゴールが、いつ、誰によって考案されたのかということもはっきりしておらず、オフサイド以外にも不明なことは少なくないのである。

注

＊1――トマス・ヒューズ著、前掲書、一一九頁

＊2――中村敏雄著『スポーツ・ルール学への序章』大修館書店、一九九五年、巻末資料

＊3――アントニー・グリン著、正木恒夫訳『イギリス人――その生活と国民性』研究社出版、一九八七年、七頁

＊4――亀井俊介著『アメリカン・ヒーローの系譜』研究社出版、一九九三年、一八頁

＊5――吉田文久、"A Report about Dans Hand Ba'"（未発表）

＊6――中村敏雄著『メンバーチェンジの思想』平凡社ライブラリー、一九九四年、八八頁以下

＊7――E. Dunning & K. Sheard, "Barbarians, Gentlemen and Players", New York University Press, 1979, p. 90

＊8――P. Royds, "The History of the Laws of Rugby Football", Walker & Co., 1949, p. 198

＊9――E・ダニング著、前掲書、七八頁

オフサイド・ルールの前提

オフ・ヒズ・サイドの意味するところ

既述のようにウェストミンスター校のフットボールのルールは、「アウトサイディングやオフサイドはよくない行為とみなす」と規定していたが、一体この二つの用語はどのような行為や状態を指すものであったのか、またそれは今日のオフサイドと同じようなプレーや状態を指すものであったのかどうか、さらには当時のフットボールがどのように行われていたのかということなどについて考えてみたい。

「サイド」とはチーム、「オフ」とは離れているということを意味している。したがって「オフサイド」とはプレイヤーが〈チームを離れている〉ということを意味することばである。「アウトサイディング」ということばも「オフサイド」とほぼ同じ意味と考えられるが、どちらかといえば〈チームを離れていく〉というニュアンスをもつ用語と考えられる。以上のことから、これら二つのことばは、プレイヤーが密集状態から〈離れた〉位置にいたり、〈離れた〉位置へ行ったりすることを指して用いられたと考えられる。今日用いられているオフサイドという用語は、プレイヤーがボールの位置より前方にいるかいないかということを判断基準にしているが、当時のルールは、多くのプレイヤーが密集に巻きこまれたり、そこへ飛びこんでいったりしているという状況下で、そこから〈離れている〉か、あるいは〈離れていく〉かしている行為を対象とするものであったようである。

一八四五年のラグビー校のルールは、その第二条で「プレイヤーは彼の後方にいる同じチームのプレイヤーがボールに触れた時、相手チームのプレイヤーがそのボールに触れるまでオフサイドである」と規定している。このルールで用いられている用語は、正確にはオフ・ヒズ・サイド（off his side）で、この用語は、ヒズ・サイド＝彼の所属するチーム、ということをはっきりと指示しており、オフとは、その所属するチーム（あるいは密集）から〈離れている〉ことを意味するものであったと考えられる。したがって、この用語が最初に用いられた時——それがいつであったのかは今のところ不明であるが——、それはプレイヤーの位置がボールより前方であるか後方であるかということよりも、プレイヤーがチームあるいは密集を〈離れている〉かどうかということの方を主たる対象とするものであったように思われる。

視点を換えていえば、プレイヤーの位置がボールより前方か後方かということが主要な問題とされたのであれば、オフサイドなどという用語ではなく、ボールの前後ということをはっきりと意味する他の用語が選ばれたであろうと考えることができ、ラグビー校やイートン校より遅れてルールを成文化したハロー校やウィンチェスター校では、ボールの「後方(behind)」という用語を用いている。このようなことからも、オフ（ヒズ）サイドという用語がその主たる対象としたのは、チームあるいは密集から〈離れている〉ことや〈離れていく〉行為であったのであり、プレイヤーの位置がボールよりも前方であるかどうかということを主たる対象とするようになってくるのは一九世紀の中期以降のことではないかと考えられる。

しかしこのオフサイドという用語は、もうひとつ、チームが支配している地域という意味を含んでいると解釈することもできなくはない[*1]。サイドという用語には「側」という意味もあるからである。しかし本書では、オフサイドという用語がこのようなことを意味しているという立場をとらなかった。それは、支配地域の大きさや広さを争うというような競技原則が生まれてくる歴史的な経過があったとは考えられなかったからである。

それでは一体、一八、九世紀頃の「校庭のフットボール」では、なぜプレイヤーがチームから、あるいは密集状態でプレーしているところから〈離れている〉ことや〈離れていく〉ことを、ウェストミンスター校の（あるいはI・R・モアの）表現を借りていえば、「よくない行為（bad form）」としたのであろうか。ここで考えてみたいのはこのことであり、そのためには次のようなことを知り、かつ検討しておく必要がある。その第一は、「校庭のフットボール」においても「空地のフットボール」と同じように密集と突進が重視されていたということ、第二は「よくない」としたにもかかわらず、ウェストミンスター校では、そしておそらくはその他のパブリック・スクールでも、なぜこれを「合法（legal）」としていたのかということである。

五、六〇人対一二〇人のプレー

さてそこで、プレー中になぜ密集ができるのかということについて考えてみると、第一にプレイヤーの人数が多かったこと、第二に今日のフォーメーション・プレーのような戦法がとられていなかったこと、第三にボールがよく弾まず、またころがらなかったこと、そして第四に「空地のフットボール」の伝統から完全に脱皮していなかったことなどがあげられる。

トム・ブラウンが初めて経験した前述の校内フットボール競技は「まさか五、六十人の少年が――しかも、その多くがまったくの子どもときている――敵方の大軍と戦うのじゃないでしょうね」と記されているように、五、六〇人の校長寮側チームと、「学校側は最後の突撃をするため、百二十人中少しでも走る余力のあるものを一人残らず結集する」と記されているように、一二〇人を越える学校側チームとの間で行われ、当時はこのように両チームの人数が同じでなく、しかも多数でプレーすることが少なくなかった。もっとも早く一一人制を採用したといわれるイートン校でも、これが通常の形態となるのは一八四〇年代になってからのことであり、ハロー校では一八七〇年代になっても最低を一一人、最高を三〇人としていたという。[*2] E・ダニングらによると、チームの人数が何人であれ、同じ人数で試合をするようになるのは一八七〇年代であったというから、[*3] それまでの試合は同じ人数でなく、しかも多数のプレイヤーによって行われるのが普通であったと考えてよい。おそらくそれは「空地のフットボール」がそうであったからであろうが、同時にパブリック・スクールの生徒の構成も影響していたと考えられる。

阿部によると、次の表と図からも明らかなように、当時のパブリック・スクールの生徒数は必ずしも一定でなく、また年齢にも幅があり、「七～二十歳の生徒が学校または寄宿舎で

生徒数と教師数（1861年）

学校名	生徒数	教師数				古典の1クラスの生徒数	1ディヴィジョンの最多生徒数	1ディヴィジョンの最少生徒数
		古典	数学	外国語	計			
イートン	806	23	8	1	32	22	48	13
ウィンチェスター	200	7	2	3	12	8	41	10
ウェストミンスター	136	5	2	2	9	6	30	12
チャーターハウス	116	5	1	3	9	8	20	9
セント・ポールズ	146	4	1	2	7	6	40	15
マーチャント・テイラー	262	6	4	2	12	10	32	18
ハロー	481	16	4	2	22	14	37	21
ラグビー	463	14	3	2	19	14	42	24
シュルーズバリー	131	4	1	1	6	4	40	23

生活を共に」しているという状態で、しかもその「進級のシステムは、年齢による進級（seniority）を単一で採用している学校は皆無で、総ての学校が能力による進級（proficiency）を採って」いた[4]——落第が多かった——から、チーム編成も今日のようにクラスを単位にするというような単純な方法を採用することができず、したがって競技の方法も多様にならざるをえなかった。

たとえば前述のような、「ディシラブル対その他の生徒集団」の試合というようなチーム編成がそれで、[5]これが何人くらいの人数の試合であったのかということはまったく不明である。

このように一九世紀中頃の「校庭のフットボール」は、なおまだ「空地のフットボール」の行われ方に似ていたといってよく、三〇人（ハロー校）から六〇人（シュルーズバリー校）くらいのチーム編成でプレーされていたであろうと思われる。

以上に述べたことや、後述することも含めて、ここで考察しようとしているオフサイド・ルールの出現と関係があると思われる当時のフットボールの行われ方の特徴は、第一にプレイヤーの人数が今日と比較して非常に多かったということ、第二にプレイヤーの人数が一定でなく、しかも同数でもなかったということ、第三にプレイヤーの年齢差が大きく、したがって体力差による怪我人が多かったであろうということ（「一八六〇年に出版された、あるラグビー校の卒業生の記事」は、「そのシーズン中に十人を沈黙させ、六人を試合の途中で帰宅させた」ハッキングの名手に触れている）[*6]、したがって第四に、低年齢の下級生はクリケット・ファッグと同じように、グラウンドの周りを取り巻くようにボール拾いも兼ねて並ばせられることもあったということ、マッキントッシュは、「ファッグ制の最も重要な機能の一つは、上級生たちが自分でボールを拾いに行く必要なしに、クリケットを楽しめるようにしたことである。ネットがない場合の唯一の解決策は人間がボールを追いかけることであったし、このこと（グラウンドの周りに下級生を並ばせること）がファッグ制によって可能だったので、このシステムは一般にクリケット・ファッグ制として知られるように」なったと述べている。[*7] そしておそらくはこれを真似たのであろうが、フットボールにおいても「ウィンチェスター校では、下級生を境界線を定めるために一列に並ばせ[*8]」、そのなかからとくに選ばれた二人のファッグは、ゴール・ライン上の中央に足を開いて立たされ、ゴール・ポストの代用にされた。ボールが彼らの両脚の間を通過すれば三点（ゴールと呼ばれた）、頭の上を通過すれば二点（ガウン）、その他のファッグたちが並んでいるゴール・ラインを通過すれば一点（ワーム）というのが彼らのルールであった。[*9]

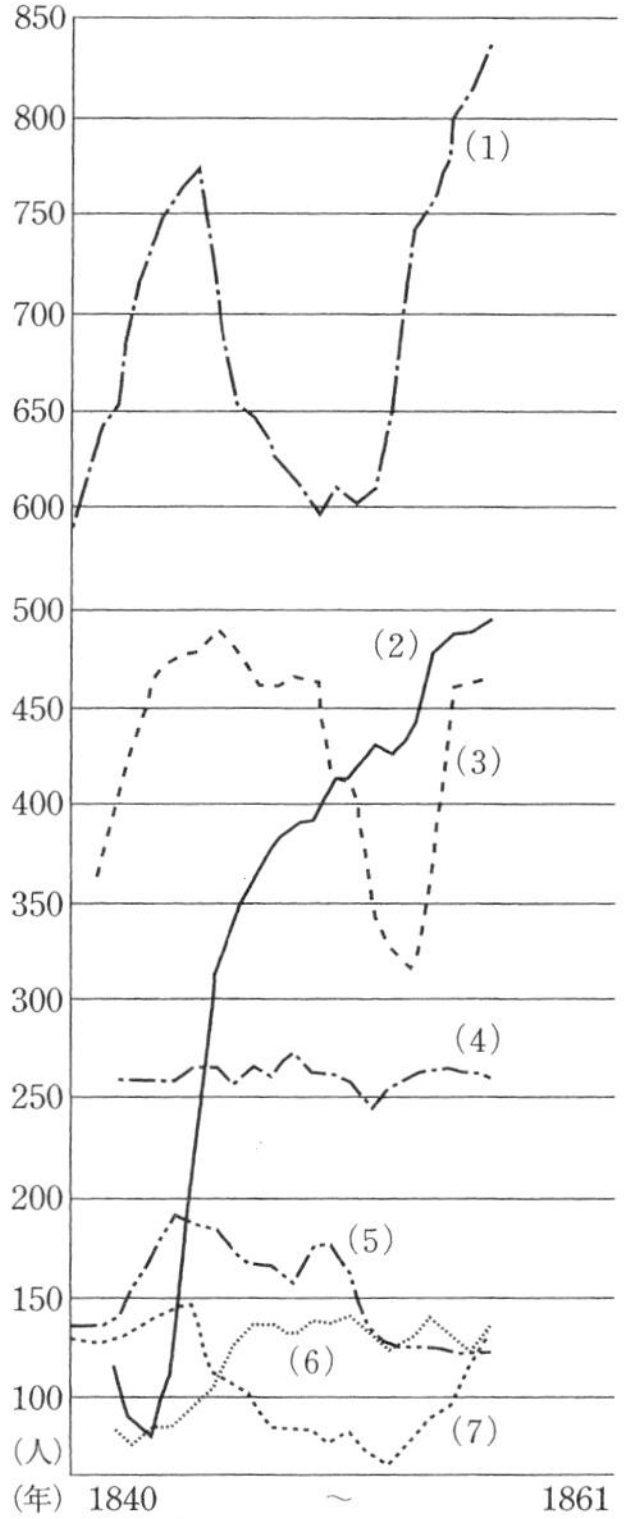

生徒数の変動（1840～61年）
（1）イートン　（2）ハロー
（3）ラグビー
（4）マーチャント・テイラー
（5）ウェストミンスター
（6）ウィンチェスター
（7）チャーターハウス

●1835〜40年頃のウィンチェスター校のフットボール

ラグビー校の下級生がゴール・エリアに並ばせられたことは『トム・ブラウンの学校生活』の述べる通りであり、五歳の幼児が新入生であったというのは特例としても、一七、八歳の生徒が一〇歳前後の児童とどのように一緒にプレーするかというのは、彼らにとっても相当の難問であったに違いない。

そして第五に、ボールの周りに密集ができ、それがボールの移動につれてその位置を変えていくというようなプレーが多かったということもあげられる。

ボールの周りに密集ができやすいということについては、当時のボールがまだゴム製のチューブを使用しておらず、T・ヒューズが記したように「ドサッ、ドサッ」と音をたてて落下するようなものであったということが主要な原因と考えられる。おそらく、かなり高く蹴り上げられたボールでも、それが地面に触れた最初のバウンドは高く上がったであろうが、その次のバウンドからはほとんど地上から跳ね上がることがなく、そのためボールの周辺に密集が生まれやすかったのであろう。

密集と突進のなかで

多和健雄は「一八六六年までの（FAの）オフサイドに関するルールは、ボールより前方にいる競技者はプレーしてはいけないという厳格なものであったから、一八六七年ごろまでの戦法は、ドリブルするものの左右をバック・アップする密集のドリブル戦法がとられた」（傍点引用者）と述べている。[*10]

T・ヒューズも当時のフットボールについて、キック・オフされたボールが「七十ヤード飛んで地面に触れる。……校長寮側は歓声をあげて突進する。ボールは蹴返される。彼らはそれを迎えて、すでに行動を開始している学校側の集団めがけて蹴返す。それから敵味方が接近して、数分間というもの、ある一点で湧きかえりながら、大波のように揺れうごく生徒の群のほか何も見えない。……スクラムは破れた。ボールは校長寮側につき出され、学校側の突進に押されて、ボールは校長寮側の第一線を突破してしまう。……校長寮側のクォーターズの主将（現代ふうにいえばミッド・フィールダーのリーダー）は、ボールがバウンドしたところを捕えて、……巧みなドロップ・キックで敵の陣中深く蹴返す。それからは突進に次ぐ突進、スクラムに次ぐスクラム」（傍点引用者）が続くと記して、当時のフットボールの特徴が突進と密集にあったことを裏付けている。

ではこのように密集と突進が重視されるなかで、なぜ密集から〈離れている〉ことや〈離れていく〉行為をオフサイド、あるいはアウトサイディングと呼び、これを「よくない行為」と規定したのであろうか。

第一に考えられることは、密集のなかでボールを蹴り合うプレーが行われる以上、相手の、そして時には味方の足も蹴るというプレーが行われる（これをハッキング＝hackingという）のは当然で、このようにハックされたプレイヤーが密集から一時的に〈離れて〉痛さが引くのを待っていたり、あるいはフットボール・ファッグや見物人のところまで退いて手当てをしていたりするということがしばしば起こったであろうということである。

「男らしさ」の発揮を重視する立場からいえば、少々の痛さでチームを〈離れていく〉のは恥ずかしいことであり、許されないことでもあるが、しかし経験的にその痛さを知る者にとっては、あるいは後に出現することになる、相手を傷つけることを目的に先端に鉄片を取り付けた靴（ラグビー校ではこれをナビス＝navviesと呼んだ）で蹴られた者にとっては、痛さが引くまで密集を〈離れて〉いかざるをえなかったということもあったであろう。

「アウトサイディングやオフサイド」を「よくない行為」としたひとつの理由は、このような「男らしくない」行為に対してであったと考えられるが、しかし痛みや怪我でプレーできないというのは認めなければならないことであり、そのためにこれを「合法」としたのであろうと思われる。

だが、それだけのことであればフットボールでは常に起こることであり、敢えてそれをアウトサイディングとかオフサイドなどと名付けて、これを「合法」か「非合法」かなどという必要はない。したがって彼らがアウトサイディングやオフサイドと名付け、それを「よくない」としたのは、これとは別の行為であり、それは「空地のフットボール」で慣習的に認められていた「自由に出たり入ったりする」プレーを真似たり、あるいは怪我を装って、「意図的に」密集を〈離れて〉いったりする行為を指していたのではなかろうかと考えられる。

つまり、このように密集から〈離れて〉いるプレイヤーのところへボールがころがっていった時、そのボールを蹴ったり、手に持って走ったりするプレーを「よくない行為」としたのではないかということで、これと同じようなプレーは今日でも小・中・高校生が昼休みに行っているサッカーなどでしばしば見かけることである。ルールの整備が不十分で、しかもなおまだマス・フットボールの名残りをとどめていた「空地のフットボール」では、プレイヤーが「自由に出たり入ったり」していたし、それを真似て行われる「校庭のフットボール」でも、このようなプレーが行われていたのであろう。

このように「自由に出たり入ったり」することが許され、また可能であったのは、第一に前記のように「空地のフットボール」にそのような慣習があったこと、第二にハッキングが許されていたために打撲や怪我で密集を〈離れていく〉ことが少なくなかったことがあげられる。そして、このように密集から〈離れていく〉ことが許され認められていることを利用して、「意図的に」これを行うことができた条件として、第三に、当時の競技場は境界線が不明瞭で、フットボール・ファッグや見物人などを境界線にしてプレーされていたということをあげることができ、以下ではこのような「意図的に」密集から〈離れていく〉プレーが行われるようになった理由について考えてみたい。

「イン・タッチ」とは

フットボールではボールがタッチ・ラインを横切ってグラウンドの外へ出ていくのを「イ

ン・タッチ」という。この「イン」ということばには「周辺」という意味があり、「タッチ」とはグラウンドの外にある物や人にボールが「触れる」ことである。

したがって、この「イン・タッチ」ということばは、ボールがグラウンドの「周辺」にある物や人に触れることを意味している。一九世紀中頃のラグビー校の校庭の平面図は先にも示した通りであるが、トム・ブラウンを案内するハリー・イーストはこれを次のように説明している。「運動場のこちら側を、ずっと砂利道が通っているだろう。またあちら側には楡の並木が見えるだろう。それが境界線なんだ」と。

つまりこの学校で行われていたフットボールは、タッチ・ラインが「砂利道」と「楡の並木」で構成されていたということである。そしておそらくは他の学校でも事情は大同小異で、極めて便宜的にタッチ・ラインが設定されていたと考えられる。二二三ページの図は一八六三年に設立されたフットボール協会が競技場をどのように規定し、また変更していったかということを示す概略図であるが、競技場がラインによって明瞭に区画されるようになるのは一八八三年のことで、協会設立後二〇年もたってからのことである。このことからもフットボールは長い間「タッチ」の「周辺」が境界線であったということがわかるし、それはまた「空地のフットボール」が競技場をはっきりと区画せず、それが行われる「原っぱ」の自然の条件に合わせて「タッチ」を決めていたということを継承するものでもあった。

やがてこのような「タッチ」は競技場を長方形とし、小旗でその大きさを示すようになってくるが、それを何本立てたのかははっきりしてはいない。フットボール協会の最初のルールは、競技場を二〇〇ヤードと一〇〇ヤードという、今日のサッカー場の二倍に近い大きさと規定しているが、このような大きさであればコーナーに四本の小旗を立てるくらいでは、どのプレイヤーもはっきりとタッチ・ラインを確認することはできなかったであろう（コーナー・フラッグを四本立てると決めるのは一八九六年である）。

一八六七年一一月、ミドルセックス対サリーとケント（それぞれの州の名前）の連合チームによる試合がバターシー・パークで行われたが、「このグラウンドの草はいろいろな高さに茂っており、選手たちが展開するであろうと期待されていた巧みなドリブルやクィック・プレーを行うのに非常に邪魔になった」[*11]と記された文章がある。このことは、当時のフットボールが今日のようにきれいに刈りこまれた芝生（turf）の競技場で行われたのではなく、「いろいろな高さ（several inches long）」の草（grass）が生えているところで行われることもあったことを示しており、そのために小旗を立てて境界線を示すという方法が良策であると考えられたことを示している。

サッカー・グラウンドの変遷（抜粋，I.R.Moirより）

1863年

フットボール・アソシエーション創設（1863年）時のグラウンドである。ゴール・ポストとコーナー・フラッグを立てる以外には何の規定もない。広さは200ヤード×100ヤードを最大とした（1ヤードは91.4cm，したがって現在の約2倍の広さであった）。

1883年

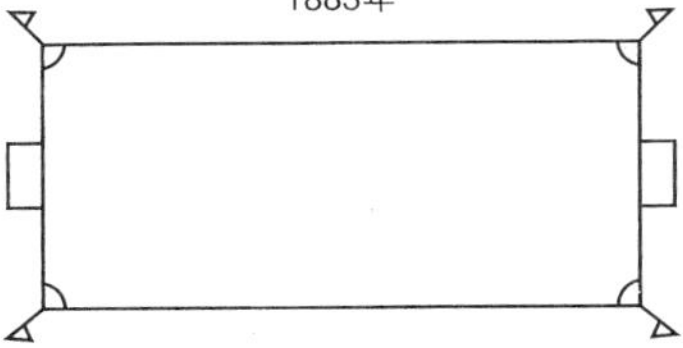

1866年　ゴール・ポストの頂上に紐（tape）を張ることが決められた。
1873年　コーナー・キックが採用された。
1875年　100ヤード×50ヤードを最低の広さにすると規定した。
1883年　クロス・バーを設置すること，ラインを引くことが規定された。

1891年

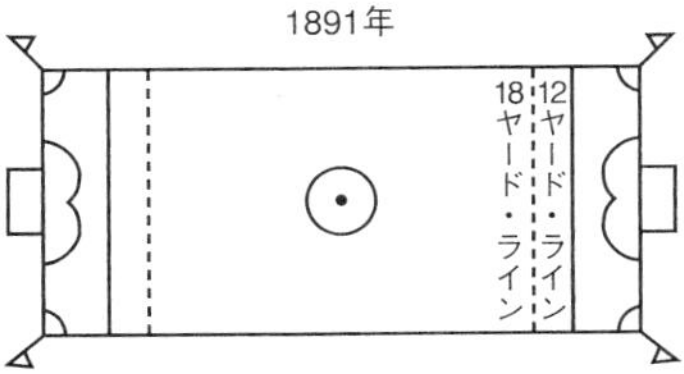

1891年　ペナルティー・キックが規定された。センターサークルの中央にマークすることも決められた。
1897年　グラウンドの広さが，130〜100ヤード×100〜50ヤードと決められた。
また，タッチ・ラインとゴール・ラインが直角に交わることも成文化された。

1902年

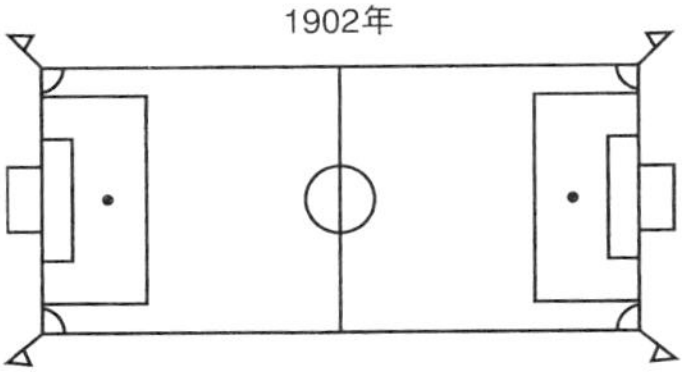

1902年　ペナルティー・エリア，ゴール・エリア，ハーフ・ラインを引くことが決められた。
1937年　ペナルティー・アーク（円弧）が加えられた。

だが、このように小旗で境界線を示すようにしても、それがラインほど明瞭ではなく、そのため、ボールがこれを通過して「イン・タッチ」になれば、「それに最初に触れた人間が、それをまっすぐ第一線のプレイヤーの間に投げ込む[*12]」権利を得るというルールでプレーされていた。

そして、このようなルールも「意図的」な「アウトサイディングやオフサイド」を誘発する条件であった。なぜなら、怪我を装って（装わなくても）「タッチ」の付近にいるプレイヤーが、近づいてきたボールを手にして走り出すということは十分にありうることだからである。

「校庭のフットボール」において「タッチ」を決める第一の条件は、「空地のフットボール」と同じようにその地形にあった。一八四六年のラグビー校のルールに記されている「島(island)」について、一〇六ページの図にもそれらしい記入があるが、第二九条は「ゴールの手前にある島はイン・タッチであり、その後方はイン・ゴールである」と規定して、これが「イン・タッチ」であることを明記している。これはルールが地形によって規制された具体例である。第二の条件は先のハリー・イーストの説明にもあったように、校庭に植えられた樹木や建物の配置などであった。

●ゴール付近でのモール

当時行われていたファイブズ（スカッシュの原型のようなボール・ゲーム）には、イートン校型とラグビー校型の二種類があったが、これは両校の建物の外壁が異なっていたことから生じた違いであった。[*13] これは校舎の構造がルールの相違を生んだ好例であり、このことからも、当時のスポーツがそれぞれ学校や地域で独自のルールによって行われていたことが明らかである。

第三の条件は、見物人やフットボール・ファッグが「タッチ」を決めていたということである。上の絵は見物人がゴール・ポストのそばにまで接近していることを示しているが、このように見物人やファッグが「タッチ」を構成し、しかもそれが「校庭」の地形や競技の状況に応じて移動し、変化したであろうということも十分に想像される。一八四七年のイートン校のルールは「ボールが見物人、あるいは棒を立てて示したラインの外にある物にあたってグラウンドのなかにはね返ってきたとき（the ball rebound off a bystander, or any other object outside the line of the sticks)」、プレイヤーは直接にそれを蹴ってもよい（第二四条）と規定しており、このことはプレイヤーと見物人の位置が今日ほどはっきりと区別されておらず、ここにも「意図的」にチームを〈離れて〉いこうと考えるプレイヤーにとっての好条件がある。

左に掲げた絵は、一八七〇年頃のラグビー校で行われた試合風景を描いたものであるが、見られる通り、この絵はボールを追う二人のプレイヤーが倒れ、ボールが見物人のなかにころがりこんでいこうとしているところである。この絵で注意すべきことは、ラインが描かれていないということであり、「タッチ」が見物人によって構成され、それに対応してプレーしなければならなかったことを想像させる。

「タッチ」がこのようにはっきりしておらず、またそれらしいところに見物人やファッグたちが居並び、ボールの行方や密集の様子などをよく見ようと前へ出たり後へ退いたりしたであろうと考えると、このような「タッチ」がはっきりしないという条件が「意図的」な「アウトサイディングやオフサイド」を誘発し、またそれを可能にしたであろうということ

●1870年頃のラグビー校のフットボール

が十分に考えられる。

加えてT・ヒューズが「現在では各寮それぞれに色あざやかな正規のキャップとスェーターがある。しかし筆者がいまお話ししている時代には、プラシ天のキャップはまだ用られていなかった。また校長寮の白ズボンを除いてユニフォームなんてものはなかった」と述べ、生徒たちは「小さな木々のまわりの棚に上衣を懸けている。まじめに一働きしようと思う連中は、帽子や、チョッキや、えり巻きや、ズボン吊りまで懸けて*14」いると述べているように、当時の試合ではお揃いのユニフォームを着るということがなく、普段着のままで、したがって見物人やファッグたちとあまり変わらない服装でプレーしていたということもある。

これらのことを併せて考えてみると、密集から〈離れて〉、「意図的」に「アウトサイディングやオフサイド」をしても、瞬間的にそれを見物人やファッグと見分けることはむずかしく、このような条件が密集から〈離れていく〉ことを可能にしたであろうということは十分に予想されるし、これと同じようなプレーは、今日でも昼休みのグラウンドでボールを蹴っている子どもたちの間で見られることである。以上に述べたことは、「意図的に」密集から〈離れて〉「アウトサイディングやオフサイド」をし、チームを勝利に導こうと考える者にとって、当時のフットボールはそれを容易にする条件をもっていたということを示すものである。[*15]

注

＊1——川口智久「イギリス文化とラグビー」(『体育科教育』一九八一年一月号)
＊2——H. Peek, F. G. Aflalo, "The Encyclopaedia of Sport", vol.II, Lawrence & Bullen Ltd., 1898
＊3——E・ダニング著、前掲書

＊4――阿部生雄、前出論文
＊5――E・ダニング著、前掲書
＊6――同上書
＊7――P・C・マッキントッシュ著、前掲書
＊8――I・R・モア、前掲論文
＊9――同上論文
＊10――多和健雄著『図解コーチ、サッカー』成美堂出版、一九七七年
＊11――"History of the Football Association", F.A., 1953
＊12――T・ヒューズ著、前掲書
＊13――H・ピーク編、前掲書
＊14――T・ヒューズ著、前掲書
＊15――「ライン」については、拙著『メンバーチェンジの思想』（平凡社ライブラリー、一九九四年）所収の「「ライン」の周辺」を参考にされたい。

オフサイド・ルールの意味

時代を越えて受け継がれる伝統

以上に述べたような「意図的」に行われる「アウトサイディングやオフサイド」などの「よくない行為」は、一九世紀の中頃になって、ラグビー、イートン、ハローなどの諸学校で次第にはっきりと禁止されるようになってくる。

ラグビー校のルールの第二一条は、「プレイヤーはどんな場合でもボールを持ってタッチを走ってはならない」と述べている。このルールは、今日ほど境界線がはっきりしていないことを利用して、タッチ・ライン沿いの空間をボールを持って走るというプレーが行われ、そのために「意図的」に密集を〈離れて〉見物人やファッグたちのなかにまぎれこみ、ボールが近づいてくるのを待ち伏せるようなプレーが行われたのであろうということを推測させるし、先の絵にあるような見物人、あるいはファッグの存在は、このようなプレーを可能にするものということもできなくはない。

ラグビー校のルールの第六条が、「オフサイドのプレイヤーはゲームに加わることができない。そしていかなる場合でも（たとえタッチの中にいようと、外にいようと＝either in or out of touch）ボールに触れることができない」と「タッチの中と外」に言及しているのは、「タッチ」が不明瞭なことを利用するプレーが行われた前史のあることをうかがわせ、それが「意図的」に密集を〈離れている〉行為を指していたらしいことも暗示している。

このように密集から〈離れていく〉行為や〈離れている〉行為が「よくない」行為とされ、やがて禁止されるようになった理由としては、第一に、それによって「突進や密集」の少ないフットボールが行われるようになり、フットボールの真髄でもあり、また楽しみや面白さの中心でもある「男らしさ」を示すプレーが見られなくなるということ、第二に、フットボールを「一点先取」というルールで行われる競技として受け継いでいく以上、この一点が容易に得られないようなルールや技術構造のものにしておく必要があったということが考えられる。

既述のように、ラグビー校のルールの第三二条は、「試合を五日間あるいは三日間続けてもなお無得点に終わった場合は引分けとする」と規定しており、これは、フットボールの試合が一日や二日で終わるものとは考えられていなかったこと、また終わらないような仕組みを含んでいたことを背後的条件にしている。M・マープルスは、むしろ五日間続けて行う方が普通であり、それは「時代を越えて長く受け継がれてきた国民的伝統（the national tradition of playing over a long period of time was preserved）」[*1]であって、このような競技の行われ方をパブリック・スクールにおけるフットボールの「祭典（Public School Games Cult）」[*2]とさえ呼んでいる。「祭典」である以上は、それが長く続くことを望むのが当然であり、フットボールはこの伝統をルールのなかに取り込み、すぐれた技術構造をもつボール・ゲームとして継承したスポーツであるということができる。オフサイド・ルールはこのような文化継承の過程における新しい価値の創造であり、そのためにこのルールはほかのパブリック・スクールも同様に取り入れたのである。

たとえばハロー校のルールは一八五三年に整理され成文化されたが、その第四条は「ボールがキックされた時、その位置より相手ゴールに近いところにいる同じチームのプレイヤーがそのボールに触れたりキックしたりすれば「ビハインド」である」というもので、これもラグビー校と同じように考えたからであろう。これと少し変わっているのはイートン校のルールで、一八四七年にH・R・トレメインによって整理されたルールに、「プレイヤーは、彼の前方に相手チームのプレイヤーが三人、もしくは三人以下である時、「スニーキング」とみなされる」（第一九条）と規定しており、これは一八六六年のフットボール協会の改訂と同じである（このルールは一九二五年まで変更されることがなかった）。イートン校のフィールド・ゲームの特徴は、ボールの大きさがフットボール協会の規定する大きさの半分ほどしかなく、ブリー（bully＝ラグビーのスクラムに似たプレー）から出てきたボールを、待ち構えていた「ビハインド」と呼ばれるプレイヤーが、「トップ・スピード」で長い距離をドリブルして前進し、小さいゴール（I・R・モアはこのゴールを microscopic goals と形容している）に蹴り込む」*3 というところにあった。小さいボールを足で扱うという特徴がゆるやかなオフサイド・ルールを着想させたのかもしれない。あるいは

●イートン校のウォール・ゲーム

イートン校ではもうひとつの「ウォール・ゲーム」と呼ばれる独特のフットボールも行われており、これがブリーを中心にした力くらべ的な性格をもっているため、フィールド・ゲームの方は対照的に「ドリブリング・ゲーム」の形式のものへと発展させてきたのかもしれない。

この「ウォール・ゲーム」は、一回のゴールが、ボールをゴールへ投げこむことで得られる「シャイ（shy＝得点の名称、ラグビー・フットボールのトライにあたると考えられる）」の一〇回分にあたるというルールで行われるもので、一〇回の「シャイ」を記録するのは一〇〇年に三回くらいしかないといわれ、[*4]このルールも先に述べたのと同じように競技を長く続けることを大切にする意図から生まれたものと考えられる。

すでに自明のことのように述べてきたが、ラグビー校のルールの第五条は、「プレイヤーは、彼の後方にいる同じチームのプレイヤーがボールに触れた場合、相手チームのプレイヤーがそのボールをキックするまでオフサイドである」と規定して、「タッチ」の周辺だけでなく、グラウンドの全面にわたって「ボールよりも前方」でプレーすること、および「意図的」に密集を〈離れていく〉行為によって競技が早く終了することに対して制限を加えていた。このルールは、おそらく一九世紀になってから決められたものであろうと思われるが、ここに一八世紀のウェストミンスター校のルールとの相違が認められる。

考察を以上のように進めてくると――それは多分に推察も含むものであったが――オフサイド・ルールは、そのもっとも根本に、「一点先取」というルールのなかで競技時間を長くするという目的から考え出されたものであるということがはっきりしてくる。それは必ずしもドラマティックな激論のなかで生まれたのでも、ルールの普遍性を追求するなかで生まれたのでもなく、むしろフットボールにこめられた民衆の要求を受け継いでいくという自然で人間的な行為であったように思われる。

マス・フットボールは、「一点先取」のゲームであり、どちらかのチームがゴールへボールを持ちこめば、それで競戯は、また「祭り」のメイン・イベントも終了するというものであった。したがって村びとたちは、真剣にプレーしなければならないと同時に、「祭り」を楽しむために、これを短時間に終わらせないように注意しなければならず、また、そうした目的に合うような仕組みや配慮が加えられており、それに背いて早く得点をあげ、勝利を得ようとする行為――それが「アウトサイディング」や「オフサイド」であった――は行われてはならないことであった。当時の人びとにとって、またパブリック・スクールの生徒にとっても、フットボールの楽しみや面白さは、得点をあげるまでに「突進に次ぐ突進、スクラムに次ぐスクラム」が行われること、ボールを「相手の陣中に深く蹴り返す」こと、「敵味方のもっとも密集している辺に……(勇気を出して)飛び込んで」いくこと、「あらゆる負傷の危険をおかしてスクラムからボールを蹴出そう」とすることなどのプレーが連続して行われ、それを無勝負のまま五日間続けることであると考えられていた。少なくともラグビー校ではそうであったし、その他のパブリック・スクールでも「男らしさ」を大切にするということでは同様であった。

したがって「アウトサイディングやオフサイド」は、とくにそれが「意図的に」行われる場合、明らかにフットボールの楽しみや面白さを失わせるものであるし、それ以上に、それは「男らしくない」行為であり、しかも競技を早く終わらせるものでもあって、少なくともフットボールを知る者にとっては許すことのできないものであった。「よくない行為」という表現の「よくない」には、このような意味がこめられていたと考えられる。

しかしウェストミンスター校のルールが「よくない」にもかかわらず、これを「合法」であるとしていたのは、伝統的なプレーの楽しみ方としての「自由に出たり入ったりする」行為と、「意図的」に「アウトサイディングやオフサイド」をする行為とを区別できなかったからであろう。これは、一八世紀後半期の「校庭のフットボール」が、一方では伝統や慣習に拘束されていながら、他方では「意図的」な「アウトサイディングやオフサイド」によってでも勝利を得ようとする勝利志向的行為の萌芽的なあらわれを含んでいたことを示すものでもあるということができ、このような変化のなかに、ひと言でいえば「祭り」から「競技」への転換を見出すことができ、一八世紀から一九世紀への時代と社会は次第に「競争」をスポーツの中心に据えるアスレティシズムへと変化しつつあったということができる。

　このような変化を生み出した直接の原因は、村や町の全域を競戯場にして行われていたフットボールが「空地」へ移り、さらに「校庭」へと移っていったことのなかに求められる。競技場のこのような変化によって、すべてのプレイヤーは、すべてのプレーを終始見通せるようになった。このことは、すべてのプレイヤーが部分と全体を同時に知ることができるという空間認知の質的転換が起こったことを意味し、これは、プレーにおいても重要な二つの変化を生み出した。そのひとつは、目的であるゴールを強く印象づけ、プレーにおける相対的な比重を増大させたことであり、もうひとつは、ボールをゴールへ運びこむための組織的なプレーの必要性と重要性を認識させたことである。

　このような変化は必然的にルールにもあらわれ、前者については、ハリー・イーストがトム・ブラウンに、「試合は、三つのゴールの二つを争うのだ。つまりゴールに二回ボールを蹴込んだ側が勝つのさ。ただしだね、二本の柱の間に蹴込んだだけではだめなんだ。横木の上を越させなくちゃいけない」と説明したように、「一点先取」のルールが「二点先取」に変更されるという結果としてあらわれている。これは、ゴールが常に、そしてすべてのプレイヤーの視野に入っていること、およびゴールとゴールの距離が縮小したことによって、かつてのマス・フットボールや「空地のフットボール」に見られたような、ゴールとゴールの中間の地域におけるプレーの楽しさ、面白さを求めるものから、ゴールを目的とする勝利志向型のフットボールへと変化したことを示している。しかし「校庭のフットボール」はなおまだ伝統に拘束され、あるいはそれを重視する気風のもとにあって、オフサイド・ルールを設けたり、また次に述べるような容易にゴール・キックが成功しないルールを考え出すなどして「長時間享受」の伝統を受け継いでもいたのである。

トライとゴール・キック

当時のラグビー校のルールは、トライを「ゴールを得るための一手段」としており、「トライだけでは、勝敗に影響を及ぼしえない」ものとしていた。[*5]

また既述の「ウォール・ゲーム」と同じようにイートン校のフィールド・ゲームのルール

も、その第二六条で、「一つのゴールは、いくつの「ルージュ」よりも価値が高い（a "goal" outweighs any number of "rouge"）。もしもゴールがないか、同じ数であれば、その試合の勝者は「ルージュ」で決められる」と述べている（この「ルージュ」は、ラグビー・フットボールのトライと同じようなものと考えられる）。つまりこの頃のパブリック・スクールのフットボール試合は、たとえばラグビー校のルールでいえば、一方のチームがトライを一〇回行っても、その後のゴールをすべて失敗すれば、一回のトライでそのゴールを成功させた相手チームの方が勝者になるというようなルールで行われていたと考えられる。

このようなゴールとルージュ、トライとゴールというような区別がなぜ行われたのかということについては、それによって試合が早く終了するのを避けようとしたと考えるのが妥当であり、そのためにゴールが容易に得られないような、高度な技術を必要とする方法が考え出されたということができる。

ラグビー校で行われていたゴール・キックは、T・ヒューズの記述から推察すると、今日行われている方法よりも（当時の技術水準を考慮すれば）はるかにむずかしいもので、それだけに勝者の決まりにくいフットボールであった。ヒューズも、ブルック兄のゴール・キックの成功を「この五年間というもの……こんなことは一度もなかった」と記しているほどで、その記述から推察すると、ゴール・キックの要領はおおよそ次のようなものであっただろうと思われる。すなわち、トライに成功したチームから二人のプレイヤーが選ばれ（文中ではブルック兄とクラブ・ジョウンズが登場する）、その一人（ここではブルック兄）が、おそらくはトライした地点に立ち、そこからボールをグラウンド内にいるもう一人（ジョウンズ）に向かってパント・キックをし、彼はこのボールをダイレクト・キャッチしようとする。この時、相手チームはゴール・ライン上に位置して待機し、ボールが蹴られると同時にスタートして、ボールをキャッチしようとしているプレイヤー（ジョウンズ）を「潰す（destroy）」ことができ、そのボールを持って校長寮側のゴールに駆けこむこともできる。ジョウンズがこのボールのキャッチに成功すれば、相手チームの「前線」はその位置まで前進することができ、そこでジョウンズは「充分の余地」をとってさらに後退し、「ボールを置くに適当した小さな穴を踵で掘り、そのそばに片膝つき」、ボールを地上に立てる。ブルック兄はそのボールをゴールをねらってキックするが、その時も相手チームは、この「ボールが（地上に立てるべく、ジョウンズによって）地面に触れた瞬間に（今日のルールはキッカーがスタートを開始した瞬間となっている）走り出」して、相手を「潰す」ことができる。[*6]

ゴール・キックが今日のルールと違って、このように二つのプレーで成り立っていたことがゴールを容易に得られないものにし、ヒューズをして「五年間に一度もなかった」と記させたのであろう。それはまた容易に勝利を得られないようにするための仕組みであったということもでき、時代はすでに勝利を社会的栄誉とする方向へ変化しつつあったが、しかし競技を長時間楽しもうとする伝統は、ブルジョアジーの子弟たちによっても継承せざるをえないフットボールの真髄であったということができ、彼らは見事にこれをフットボールの近代化という課題のなかに取りこみ、生かしたのである。

先に述べたもうひとつの、プレーの組織化ということについては、T・ヒューズが、「トムをまじえた十五人から二十人までの一小隊は、校長寮の壁の下のゴールに向かって進んでいく」が、彼らは「ゴールを受け持っている一人の六級生（最上級生のこと）」によって、「五ヤードの間隔を置いて、ゴール柱の背後の全地域を占めるように配置」されるゴール・キーパーたちであり、ブルック兄をリーダーとする後衛グループ（light brigade）とブルック弟をリーダーとする前衛グループ（heavy brigade）は、それぞれ守備と攻撃を専門とする役割を受けもつと記していることからも、初歩的であるとはいえ組織的な役割分担に基づくプレーが行われるようになっていたことがあげられる。このような組織的プレーもまた競技場が「校庭」へ移り、プレーの全体を常に見通せるようになったことから生じたもので、ボールよりも前方でプレーすることを禁じるオフサイド・ルールの誕生もこのような変化の上に成立したといえる。

一八世紀にウェストミンスター校のルールが「よくない行為」ではあるが、しかし「合法」と規定していた「アウトサイディングやオフサイド」は、それからほぼ一世紀後の一八四七年になると、イートン校で「スニーキング（sneaking＝こそこそする、こそ泥）」、ケンブリッジ大学で「ロイター（loiter＝ぶらぶらする）」と名付けられて不名誉な行為、「汚い」プレーとして嫌悪されるようになる。しかしよく考えてみると、互いにボールを蹴り合うのがフットボールである以上、プレイヤーがボールの前方に居残るというのはしばしば起こることであり、それを嫌悪したり、「汚い」プレーと断定したりするのは妥当ではないし、また避けられない行為でもある。したがって彼らが「スニーキング」とか「ロイター」とか呼んだのは、文字通り「こそ泥のように」「ぶらぶら」と「意図的」に「チームを〈離れた〉位置」でプレーしようとする勝利志向的な――したがって競技を早く終了させる――行為を指したのであって、このことからもオフサイドとは、初期的には、「意図的」に「チームを〈離れている〉こと」、あるいは「チームを〈離れていく〉こと」を指したのであり、そのような行為を可能にするさまざまな条件が当時のフットボールにはあったということである。

したがって一九世紀初頭までの「アウトサイディングやオフサイド」は、それを「合法」としていたことからも推察されるように、プレイヤーの行為がボールよりも前方で行われたか後方で行われたかということを意識したものではなかったと思われる。事態を単純化していえば、「自由に出たり入ったりする」ことや、それとまぎらわしい「意図的」なプレーを制限したいというものであったと思われる。しかし競戯場が「校庭」へ移り、それまで以上にはっきりと区画され、見物人やファッグを含むすべての人によってプレーの全体が常に一望されるようになってくると、プレーの仕方は明らかに変化してこざるをえない。そのような変化のひとつが「アウトサイディングやオフサイド」プレーであり、それを禁止しようとしたのがオフサイド・ルールだったのである。しかもこのルールは、このような変化のなかでもこれまでと同じように競技を長時間続けること、得点が容易に得られないようにしておくこと、密集と突進が満喫できることなどの期待と要求を保障するものでなければならなかった。つまりこのルールは、競技の行われ方に対する期待や願望をルールによって実現させようとしたものであったということができ、そのためこのルールに違反する行為に対して「汚い」プレーというような、相手の心理を傷つけ、さげすむ言葉を投げつけるものともなったのである。

注

＊1――M・マープルス著、前掲書

＊2――同上書

＊3――I・R・モア、前掲論文

＊4――同上論文

＊5――菅原礼編『スポーツ規範の社会学』不昧堂出版、一九八〇年

＊6――T・ヒューズ著、前掲書

アスレティシズムへの移行

ルールの成文化と裁定

一八四六年に改訂されたラグビー校のルールは、その「前文」で、このルールは、「本校のフットボールに関していろいろと論議されたことがら（certain disputed points in football）についての討議の結果」をまとめたものであると述べていた。つまりこの「前文」は、当時、この学校のフットボールについて「いろいろと論議」されたということ、それをハロー校と同じように「すべてのフットボール・クォーターの最初に、すべての寮において、はっきりと全員に周知させること、とくに新入生には十分に熟知させ」（第一五条）る必要があると考えられていたこと、を推察させる。ラグビー校にはレヴェー（Levée）と呼ばれた生徒の集会があり、これには四つの種類があった。全校生徒によるもの、上級生によるもの、六級生（最上級生）だけのもの、寮生によるもの、がそれであった。[*1] これらのレヴェーは「かなり秩序に欠ける騒々しいものであった」が、しかしこれが彼らの自治の原点であり、全校生徒を管理・統制する制度として機能していたことは極めて重要である。一八四五年のラグビー校のフットボール・ルールは六級生のレヴェーが着手、完成したものであったといわれるが、I・G・スミスという署名のあるこの時の記録によると（といっても判読不能の箇所があり、正確を期し難いが）、このレヴェーは前年から問題の検討をはじめ、この年の六月から九月までのほぼ三カ月間をかけて成文化を終えたようである。

一体彼らは、なぜこのようにフットボールのルールを整備し、成文化したのであろうか。このような問題を設定することは、単にフットボールのルールの条文がどのようなものであったのかということ以上に、このレヴェーが生徒全体に対してどのように機能し、それがこの時代の文化的・社会的状況とどのように関連していたのかということを知る上で重要であり、それはまた彼らが合理性を求めたからであるとか、プレーの面白さを求めたからであるとかいう単純な解釈に陥らないためにも欠くことができないことである。確かにスポーツのルールは合理性を求め、それに立脚しようとするものであり、また面白さを求めて変えられるものでもあるが、しかしそれには必ず「質」があり、常により「質」の高い合理性や面白さを求めて変化するものである。そしてこの「質」はヒューマニズムや美意識、あるいは学問、技術、思想、さらには政治や経済などの影響を受け、歴史的な価値や意義をもつものでもある。もちろんこれらと短絡的に接合することは避けなければならないが、しかし無視してはならないものである。そしてラグビー校だけではなく、その他のパブリック・スクールにおけるフットボール・ルールの整備・成文化の背景にも、この時代の文化的・社会的状況の反映・浸透を見ることができ、以下ではこれを「審判」を素材に見ていきたい。

ラグビー校のフットボール・ルールは、その第三一条で「チームの代表者、あるいは彼らに指名された二人の代理人は、すべての論争に関する唯一の判定者である」と述べている。当時のフットボールで「不法な行為（unlawful behavior）」が行われた時、それを裁くのは「両チームの代表者」であり、これは必ずしもラグビー校だけのルールではなかった。しかし、このような「代表者」による裁定が常に明快、妥当であったわけではなく、またすべてのプレイヤーを平等に服させる、完成され、周知されたルールができ上がっていたわけでもなかったから、この「代表者」による裁定が、主観的・恣意的になることは避けられず、D・リースマンはそれを、「銅貨を投げて解決」することもあったと評している。[*2] 加えて試合中に「少しでも「臆病」の気配を見せると……（仲間うちでの）永続的な降等」処分が行われ、その後の学校生活がみじめになるというような慣習も支配していたから、「代表者」

による裁定のもつ比重は極めて大きかった。M・マープルスも当時の審判は「しばしば信頼できないものであり、どちらか一方に片寄った（favouring one side or the other）判定を下す」ことがあったと述べており[*3]、「代表者」による裁定がこのような傾向をもっていたかも知れず、ラグビー校で「いろいろと論議」された内容のなかに、このような主観的・恣意的な裁定に対する不満やこれを解消したいという要求も含まれていたのではないかと思われる。

渡辺洋三は「近代市民法において、いっさいの人間は、自由、平等、独立な法主体者としてあつかわれる」と述べ、「資本主義において、商品交換関係が、社会のすみずみにまで押しおよぶに至った」ことがその基礎にあると述べている[*4]。資本主義社会における商品交換の秩序は、「個人の恣意の排除」が核心であり、これは人間の社会関係において「どちらか一方の、あるいはだれか一人の、個人的感情や趣味や好みで、勝手に他の人間を支配する」[*5]ことを許さないということ、また許してはならないということである。

もしもこのような秩序が崩れたら、言い換えれば、チームの代表者がプレイヤーへの「個人的感情や趣味や好み」でその裁定を勝手に変えることがあるとしたら、これは、そのスポーツを成立させている基本的な原則が崩壊することで、「校庭のフットボール」を再び「空地のフットボール」へと逆もどりさせかねない。一九世紀半ばの「校庭のフットボール」はこのような「基本的な原則」を確立、普及させつつあった時代のボール・ゲームであり、ルールを整理し、成文化するという行為や内容は、社会のこのような「基本的な原則」をスポーツのなかへ取り入れようとすることだったのである。

粗暴性からの脱却

それでも「校庭のフットボール」は、なおまだ「空地のフットボール」の伝統を受け継いでおり、プレーにおける粗暴性は「男らしさ」を発揮するものと思われていた。この粗暴性の多くは上級生による下級生いじめのことで、一六世紀のR・マルカスター以来、長く批判の対象とされてきたものでもあって、一挙に消滅させるのは無理なことと思われていた。マルカスターは次のように述べている。「もっと少ない人数でチームをつくり、ポジションを決め、これほど激しい肉弾戦をやらないようにすれば、健康のために脚を使うフットボールができるだろう」。また「プレーの仕方について指示・命令の権限をもつトレーニング・マイスター」がそのために必要であるとも説いている。[*6] 古くからこのような主張が行われていたにもかかわらず、フットボールから粗暴性が除かれていくためには医学の進歩や保健衛生思想の普及が必要であった。一八世紀になると「医療は古来の迷信とか半可通という暗黒時代から、科学という光明の時代に移り」はじめ、外科医は「床屋」の兼業から独立し、内科医や産科医の技術も大きく進歩した。種痘の発見と成功は天然痘の猛威を鎮め、「一七〇〇年以後の百二十五年間にイギリスで百五十四を下らぬ新しい病院と施療院がつくられた」[*7]。「看護婦が真面目な専門職であるという考えは、クリミア戦争（一八五三〜五六年）中の（フロレンス・ナイティンゲールについての）センセーショナルな報道がよい宣伝となって急速に市民生活の中にひろがり、やがて公衆衛生と医業に新時代を切開」くことにもなった[*8]。

海水浴の普及、上下水道の発達、あるいは「採光と健康にとって宿敵であった窓税の廃止」[*9]なども人びとに健康や衛生に注意を向けさせ、児童や婦人の苛酷な労働も問題視されるようになった。「この時代の小児は六歳で綿毛、羊毛、亜麻、絹紡績工場に入るのを許されたが、ときどきは五歳で入るものすらあった。労働時間は夏でも冬でも、法律によって制限されず、普通一日に十四時間であった。――所によっては十五時間、さらに最も残忍強欲なものは十六時間さえあった」[*10]とR・オウエンは記している。しかし一八三三年には「児童と未成年者の労働時間にそれぞれ法的な限界を定め」[*11]る工場法が成立し、一〇時間労働法案（一八四七年）はこれの延長線上に位置している。鉱山法もまた「婦人と十歳以下の児童を地下で働かせる」ことを禁止し、奴隷制度の廃止は一八三三年であった。

こうした医学や保健衛生思想の発達と普及、また人道主義の浸透は、次第に「校庭」にも影響を及ぼし、一九世紀の後半期になると、フットボールがそのもっとも「男らしさ」を発揮するとしてきた「ハッキング」の是非をめぐる論争を生み、ついに一八七一年、ラグビー・フットボール・ユニオンはこれの禁止をルールに盛りこまざるをえなくなる。「校庭のフットボール」がこのような人道主義や医学や保健衛生思想の成果を取り入れた事実はルールの変化によっても知ることができ、とくに「審判」に関する規定の変化がこれを明瞭に示している。

既述のように一八四〇年代のラグビー校では、「チームの代表者、あるいは彼らに指名された二人の代理人」が審判の役割も受けもっていた。しかしイートン校では「両チームから一人ずつ、二人のアンパイアーが選ばれる。彼らの位置はそれぞれの所属するチームの「ゴール」のある側である」（第三条、一八四七年）と審判の人数と位置を決めていた。次ページの図に示したのはウィンチェスター校のルールの「アンパイアー」と記された項目の末尾に付されたもので、そこには次のように記されている。

「競技に先立って二人のアンパイアーが（それぞれのチームから）選出される。アンパイアーはたがいに相手チームのエンドで、グラウンドの外に立っている。彼らはそれぞれ自分に

ウィンチェスター校の競技場（1863年）

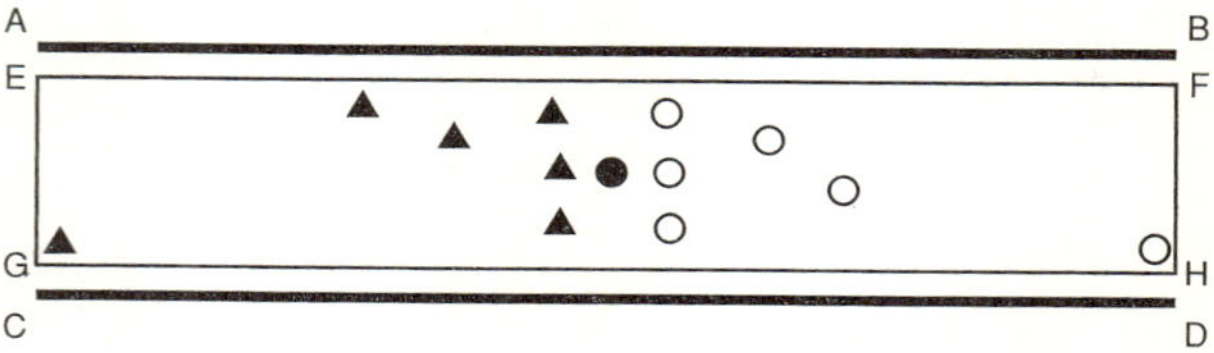

A－BとC－Dのラインはキャンバスのラインを示し，E－FとG－Hはロープのラインを示し，E－GとF－Hはゴール・ラインを示す。
▲は一方のチームのプレイヤーを示す。
○は他方のチームのプレイヤーを示す。
●はグラウンド中央のボールを示す。
アンパイアーはEとG，あるいはFとHのいずれかの場所に立つ。
（この競技場の大きさは縦80ヤード，横27ヤードであった）

もっとも近いキャンバスとロープ（ウィンチェスター校ではキャンバスとロープを競技場の周囲に張りめぐらした）とゴール・ラインの線を見通していなければならない。アンパイアーの仕事はゴールを記録することであり、彼らに問われるあらゆる疑問に対して決定を下すことで、それは最終決定となる。アンパイアーの一人はタイム・キーパーもつとめ、競技の開始、サイドの交代、競技の終了を告げる」（一八六三年）。

これらのルールが規定している審判の役割は、せいぜいゴール・インの判定とタイム・キーパー程度のことで、プレー中に生じたトラブル、ボールの所有チームを決めること、オフサイドであったかどうかを判定することなどの多くが、依然として「チームの代表者」の掌中にあった。フットボール協会が主催する試合で審判がホイッスルを用いるようになるのは一八八五年かその翌年のことであり、[*12] それまでは「チームの代表者」の占める役割が大きかった。しかし一八六〇年代になると、たとえばケンブリッジ大学内でイートン校とハロー校の卒業生によって行われた対抗戦では、「キャプテンとアンパイアーは両チームから選出する。……アンパイアーに対するアピールはキャプテンによってのみ行われる。キャプテンとアンパイアーはレフェリーとして中立の立場にある人物を指名する。アンパイアーからレフェリーにアピールされてレフェリーが下した決定は最終決定となる」というような取り決めが行われ、レフェリーとアンパイアーの仕事や権限の区別、「チームの代表者」の上位にレフェリー（あるいはアンパイアー）を置く、レフェリーとして中立の立場の人を選ぶなどの進歩が見られるようになり、上級生や下級生の別なく、あるいは父親の地位や身分を考慮することなく、ルールが、またその執行者である審判が競技の全体を統轄するように変化する。

フットボール・ルールの成文化を行った年

学校・団体名	年代	項目数
ラグビー校	1845	37
イートン校	1847	26
ケンブリッジ大学	1848	11
ハロー校	1853	21
ウェストミンスター校	1850代	9
シェフィールド・クラブ	1857	11
アッピンガム校	1859	10
チャーターハウス校	1860代	7
ウィンチェスター校	1863	13
フットボール協会	1863	14

一九世紀の後半期になると、前ページの表にも示したように多くの学校がルールを整備し成文化するが、それは未分化・未組織で、荒々しさが特徴だったともいえるフットボールを、次第に統一あるチーム・プレーの競技へと変え、粗暴さが競技を支配するのではなく、ボール操作の技術やチーム内の役割分担に応じた組織的なプレーなどが勝敗を決めるという認識を育てあげる。

フットボールから粗暴性が、したがってまた上級生による下級生に対する暴力行為やそれによる人格支配が後退、消滅していくためには、まずは二つの条件が必要であった。

第一は、被支配者である下級生が自由に感想や意見を上級生に向かって発言できる場と時が用意されるということであり、それがレヴェーであった。

第二には、医学の進歩や保健衛生思想、人道主義などの普及によって、物理的な暴力による傷害の防止の重要性が認識されるということであった。

前述のように、レヴェーには四つの種類があったが、これらのレヴェーが、たとえ「かなり秩序に欠ける騒々しいものであった」としても、ともかくもそれが成立し機能していたということは、不十分ではありながらも一定の民主主義がそこに成立していたことを示すものであり、これが支配・服従の関係を変えていったであろうことは疑いをいれない。トム・ブラウンが無事に進級した時、彼はジョージ・アーサーという「青い大きな眼と、淡い金髪の……青白い（泣虫）少年」と同室になるが、彼はこの「青白い少年」――これが「剛毅」を尊重する「ボーン・ジェントリー（生まれながらのジェントリー）」的体質と相容れないことは明らかである――とのつき合いに戸惑いながらも、「これからどんなことがあろうともこの少年を（上級生の暴力から）守り抜き、かれをはげまし、加勢し、その重荷を背負ってやろうとわが胸に誓う」ことになる。これがT・ヒューズの思想であることは間違いなく、彼がR・オウエンの協同組合運動の支持者であったのはよく知られており、この運動が「イギリスの社会変革にまことに大きな寄与[*13]」をしたことと、この『トム・ブラウンの学校生活』が発刊後「九ケ月に五版」を重ねたこととが無関係であったとはいえず、このような思想の受容の拡大とレヴェーの確立ということも無視することはできないといえよう。もしも上級生が、あるいは身分や地位の高いものが「代表者」として君臨し、支配することが認められていたのであればレヴェーの必要はなく、それ以前の社会秩序はそのようなものであった。

しかしこの時代のレヴェーは、参加者が自由に意見を述べる機会や場所として設けられ、機能していたのであり、明らかに校内秩序はかつてのものとは異なる方向へと変貌しつつあった。そして、フットボールのプレーにおける「代表者」の恣意的な裁定もこのような民主的な制度と機能の拡大につれて次第に制限、縮小され、審判への権能の委譲が進んでいった。

「フットボールの乱暴さを減らそうとする、同校（ラグビー校）でのもっとも広範な運動」[*14]は一八六〇年代に展開されるが、この運動に医師や父母が関与していたこと、これを「世間一般」が支持したとE・ダニングらは述べており、このような「広範な運動」がレヴェーに反映しないはずはなく、フットボール協会も一八八一年のルールで、レフェリーは「粗暴な行為」をした「プレイヤーを退場させ、その氏名の報告」を命じている。一八九一年になると「レフェリーのやるべきことは、あらゆるプレー場面においてルールに従った裁定を下す」ことであると明記し、アンパイアーからのアピールに応じて判定するのではなく、自らが（おそらくは）競技場内に立ち、プレイヤーと同じように走りながら、今日と同じように笛を吹くようになったと思われる。審判の方法と権限がこのようにはっきりしてくる背景に、競技においては荒々しさの発揮よりも技能の巧拙が重要であり、腕力の強弱や上・下級生という身分の違いの強調などは無視されるべきであるという認識が成立しつつあったことが指摘できる。こうした認識の転換を基礎にプレイヤー間の平等がかつてよりも進み、審判制度の確立もこれを背景とし、またこれを押し進める役割を果たしていった。このようなパブリック・スクールの校内秩序の変化が、学校の外で進行しつつあった社会秩序の変化と深く関係していたことはいうまでもない。

だが「校庭のフットボール」に見られるこのような変化は、次第にこれを勝敗の争いを主要な目的とするアスレティシズムへと発展させるものでもあった。

アスレティシズムと平等の思想

一八七一年、フットボール協会の理事C・W・オールコックはFAチャレンジ・カップ戦を提案し、年末から翌年にかけてクラブ対抗戦を実施する。この試合はFAルールによって行われ、一五チームが参加した。フットボール協会ルールで行われる試合に、ともかくも一五チームが参加申し込みをしたということは、それまでの試合がすでに慣例化していた定期戦か、あるいは挑戦状の交換とでもいえるような手続きによって行われていた対外試合の慣習を根本から覆し、統轄団体が主催する競技会に、この団体に加盟しているチームやクラブだけが参加するというまったく新しい形式を生み出したことを意味している。これはイギリスのフットボール史において、またスポーツの発達史という視点から見ても非常に重要な変化である。

一八六六年二月二七日、シュルーズバリー校のフットボール・チームのキャプテン、J・

S・フィリップは、ウェストミンスター校のキャプテン宛に、何と四カ月も先の「六月十七日から始まる週のどの日でもよい」から試合を行ってくれるようにと手紙を書いた。これに対するウェストミンスター校のキャプテン、E・オリヴァーによる三月五日付の返答は極めて冷たいもので、「貴君を失望させて誠に申しわけないが、わが校は、パブリック・スクール・クラブの委員会がパブリック・スクールであると認めた学校以外とは試合をしない方針なので、この申し入れには応じられない。ちなみにパブリック・スクールとは、チャーターハウス、イートン、ハロー、ラグビー、ウェストミンスター、ウィンチェスターの各校である」と記されていた。もちろんシュルーズバリー校のキャプテンは激怒し、「貴君の返答は許しがたいものであり、身勝手なパブリック・スクール・クラブの意見などというのを持ち出して、すでに認められているパブリック・スクールであるというわれわれの権利を踏みにじるものである。……ウェストミンスター校のキャプテンは、まだパブリック・スクール教育のイロハも学んでいないといわざるをえず、ジェントルマンとは考えられない行為である」という返事を送り返している。[*15]

競技会が統轄団体によって企画、運営されるようになる以前の対抗戦は、通常はこのような文書の往復で決められ、時には侮辱的な返答に出会うこともあった。たとえばチャーターハウス校はイートン校と（ファイブズの）定期的な対校戦を行っていると返答しているが、故意か偶然かイートン校側はこれを認めていない。こうした食い違いの背後にはダニングらが指摘したイートン校とラグビー校の間の「有名校争い」のようなものもあったであろうと思われる。

第１回FAカップ戦に出場したチームの所在地

T. メイソンによる作図

1 ワンダラーズ
2 ハロー・チェッカーズ
3 クラッパム・ローバーズ
4 アプトン・パーク
5 クリスタル・パレス
6 ヒッチン
7 メイドンヘッド
8 グレイト・マーロウ
9 クイーンズ・パーク・グラスゴー
10 ドニントン・スクール（スポールディング）
11 ロイヤル・エンジニアズ
12 ライゲイト・プライオリィ
13 ハムステッド・ヒースンズ
14 バーンズ
15 シビル・サービス

しかし、対校戦や定期戦を自主的に決めるということは、生徒にとって組織や団体というものが、どのような方針や計画のもとに、どのように活動すべきか、またその手続き、運営、事後処理等をどのように分担し、行うかなどを実際に経験させるという意味で極めて高い教育的価値をもつものであり、今日でも実践されてよいものである。したがってこのような手続きが統轄団体に一任されることによる利点は少なくなかったとしても、これによってクラブやチームの自由、自主、自治の精神と機能が失われていったことも否定できないといえる。スポーツは、一方でこのように統轄団体の主催する競技会や大会で勝敗を争うという新しい方法を創り出すことによって、またそれを次第に拡大していくことによって技術や練習方法を向上、発展させながら、他方では個々のクラブやチームの組織活動の在り方やそれの維持、運営ということを通して自由、自主、自治の精神を学習し発展させるという機会と場を奪い、次第にアスレティシズムの性格を色濃く帯びるものへと変質、転換していった。そういう意味で「校庭のフットボール」は、単にフットボールの形態を変えたということにとどまらず、スポーツの在り方を根本的に変えていく転換点に位置し、しかもそれを先導するという重要な役割をもつものであったといえる。

おそらくこの問題は、たとえば「近代スポーツの成立条件」とでもいえるような研究主題のなかでより多面的、かつ詳細に明らかにされるものであろうが、とりあえずここでは、前述したアスレティシズムということについてだけ略述しておきたい。

アレクシス・ド・トクヴィルは、「平等」の思想が、トレヴェリアンも述べたように、「後の時代よりもずっと親密な、したがってしばしばずっと心のこもった個人的接触」を保ってきた、「労働者が雇主に依存」するような社会秩序を転換させることに大きな影響を与えたと述べたが、スポーツにおいてもアスレティシズムが発達することと「平等」思想の普及、浸透との間には極めて深い関係があった。

すなわち、貴族、領主、ジェントリー、農民というような世襲的、固定的な身分関係が社会秩序の根本を形成しているような社会では、自由な競争が成立、承認されるはずはなく、このような社会で身分や地位にかかわりなく勝者を勝者とするのは、社会秩序の原則に反することであった。言い換えれば、いかに「地位間障壁」が稀薄なイギリス社会といえども、農民が貴族や領主よりも上位に立つような文化を成立させてはならなかったし、また成立するはずもなかったのである。したがって「空地のフットボール」が人びとの興味や関心をゴールとゴールの中間のプレーに集中させていたのも、単にそれが技術水準が低かったからであるとか、競戯場や用具が未発達であったからであるとかいうことだけでなく、彼らの生活の仕方や考え方の根本を規制していた社会観や人間観などが、「空地のフットボール」を「空地のフットボール」に押しとどめさせたのである。

しかし、時代は次第に学問や技術の発達等を背景にしながら工業化を押し進め、私企業の自由化を拡大し、中世的な社会観の転換を実現していった。

幸いにもイギリスには「ジェントルマン階層にみるべき特権が賦与されていない一方で、彼らが商工業のような営利活動に従事することを妨げる法令や慣習もまた存在しなかった[*16]」から、自由と平等の思想はこのような条件のなかで広くイギリス社会に浸透していった。私企業の自由化とは所有の自由化を意味し、それは富裕への自由と同時に貧困への自由も意味していた。またそれは「言葉のもっとも広い意味における消費のパターン」の自由化を意味するものでもあって、「一八世紀のイギリスでは、極言すれば、一方で所得の高と質、他方での消費の型こそが社会的地位の基準[*17]」であった。こうした生活様式の自由化が進行するなかで、「商人の「ジェントルマン性」を主張したほとんどの同時代人がもっとも重視したのは教育[*18]」であり、彼らは、そして彼らの子弟もまた、国教徒・非国教徒たるを問わず、さらには「非国教徒であった家系でさえ、ステイタスが上るにつれて、国教会に転じ[*19]」るようなこともして学校教育を受けたのである。しかも教育に期待をかけたのはジェントルマン層ば

ハロー，ラグビー校の５年目ごとの就職先（1830〜80年）

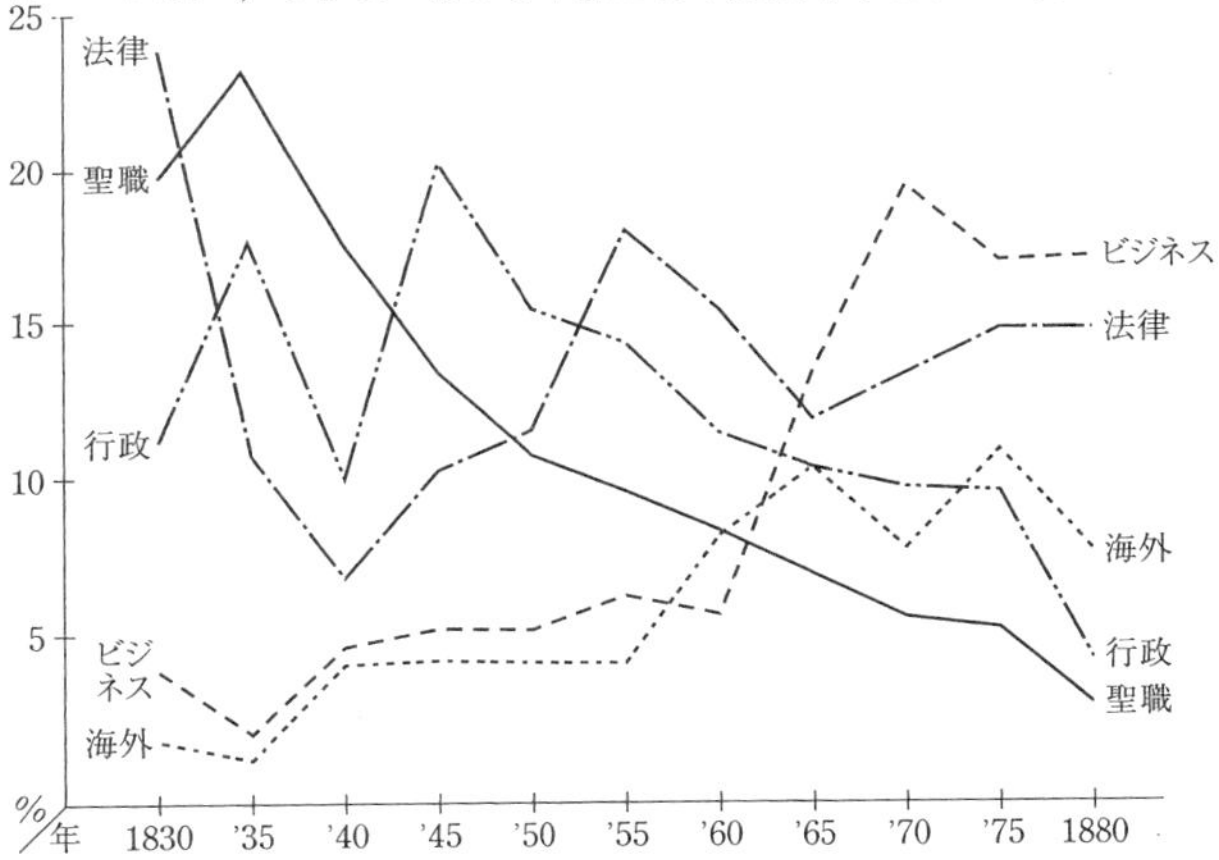

かりでなく、一八二三年にスコットランドで始まった機械工学校設立の運動は、「自助」の精神の普及と産業革命の進展のなかで、一方に「弱い者、不運な者を置き去り」にしながら、知的好奇心に富む労働者を対象に、とくに商工業都市を中心に広まり、一八二四年には「「機械工雑誌」が一万六千部売れ、……千五百人の労働者が、ロンドン学校に一人一ギニーずつの授業料を払っ」[*20]て成人学校を充実させるというようなことも生んだのである。入学に際して宗派を問わないロンドン大学は一八二七年に設立されている。時代は明らかに自由と平等を、少なくともそれ以前の社会よりは前進させたのであり、このような社会の気風や雰囲気が学校の内部に伝わら

ないはずはなく、端的にそれは、かつては「有給の使用人」でしかなかった校長や教師が次第にその指導性を強めるという結果としてあらわれた。トマス・アーノルドはラグビー校の校長として在任した一八二八年から四二年の間に、全校生徒を「自分の手に集中し、プリフェクト（級長）を（彼の）「代理人」に格下げし、……生徒間の暴力の対決を減少させる」ことに成功した。E・ダニングらによると、それは「同校のフットボールの初期の現代化のために必要前提条件[*21]」であり、この時代の「より広い社会的背景の縮図」でもあって、このような「社会構造内でしか発達できなかった[*22]」ものであったという。

「校庭のフットボール」はこのような時代や社会を背景にして、また「校庭」という好条件も得てその形式や内容を整えていったのであり、その根底に、少なくとも「校庭」においては身分や地位にかかわりなく自由な競争を認め合うということが成立していたし、それを互いに承認し合うという前提で、FAチャレンジ・カップ戦を行うことも、これに出場することも実現した。

これがもう少し昔であれば、たとえ参加を申しこんだとしても、身分や格式の違いを理由に対戦を拒否するというようなことが起こったかもしれないし、前述のシュルーズバリー校とウェストミンスター校の間で起こったような確執も生じたかもしれない。

だが、時代は確実に古い社会秩序を崩壊させつつ、少なくとも中流階級に属する人びとが貴族や上流階級の人びとをスポーツで打ち負かすことまでは認めるように変わっていく。その背景には、イギリスの近代社会が「ある程度の社会的流動性」をもち、「被支配層から有力な個人をたえず補給して自らの活力を高める一方、被支配層の内部に社会構造の変革を求めるエネルギーが危険なほどに蓄積するのを防ぐ」という「支配層の自己保存策」[*23]、別言すれば「ガス抜き」装置が機能していたことも否定できない。このような「有力な個人」とは「法律、商業、戦争、航海……および、公債保有……などで巨富をえ」[*24]た人びとやそのすぐ下層に位置した人びとであり、ジェントルマンと認められるような教育も受け、ジェントルマンふうの「生活様式としての消費の型」も身につけた人びとであった。

しかし、それでもこのような人びとが貴族や上流階級の人びとと自由に競争して「平等」に勝利を争うということは、実害のない非日常の空間においてのみ、まず可能であった。視点を換えていえば、スポーツを非日常の空間へ押し上げ、アマチュア・ルールによってスポーツをそこへ閉じこめつつ、そこで「自由と平等」を実現したのであり、それはより下層の人びとを排除するものでもあった。一八三九年に行われたヘンレー・レガッタの参加規定は、「申込みの時より少なくとも一年前につくられたアマチュア・クラブのクルーだけに参加資格がある」と述べている。[*25] ここにいうアマチュアが労働者を含まないというのは自明のことである。したがって少なくともこのような非日常の空間に登場できる人びとの間で古い社会秩序は崩壊していたのであり、「平等」もまた実現していたのである。

しかし、日常世界において中流階級の人びとが成り上がり者とかネイボッブ（インドで蓄財した者への蔑称）とかいわれている間、「平等」はなおまだ不十分、不満足なものであった。しかしやがてこの世界は、北部の労働者がフットボールのプロ・リーグを結成することで、さらにはより下層の人びとや「非」白人までもが素晴らしい技術や記録を手に挑戦してくるようになることで、真の平等をこの世界においても実現させようという要求の充満するものとなる。ブルジョアジーが築きあげた新しい社会秩序が、さらにより平等な社会秩序への要求によって改革されようとするのである。しかしそれはブルジョアジーが期待し、求めたものではなかった。彼らが求め、実現したのは、スポーツを非日常の空間へ押し上げ、身分や地位にかかわりなく、フェアで高度な技術の発揮される競争を核心とする文化をつくりあげることによって、古い社会秩序をこの空間内において崩壊させることであり、それをアマチュアリズムで飾りたてることであった。だがそうすることによって、あるいはそうせざるをえなかったことによって、逆に日常世界との距離を拡大したことは否定できない。と同時に、そうであったがゆえに、日常世界の身分や地位に拘束されることなく表現される高度な技術や記録によって、また身分や地位にかかわりなくフェアですぐれた態度や行為を示すことによって社会的名声や栄誉を得る者の参加をも認めざるをえなくなったのであり、非日常空間におけるアスレティシズムがこれを可能にしたのである。

注

＊1――E・ダニング著、前掲書

＊2――D・リースマン著、国弘正雄・牧野宏共訳「アメリカにおけるフットボール」(『個人主義の再検討(上)』所収、ぺりかん社、一九七〇年、三九一頁)

＊3――M・マープルス著、前掲書

＊4――渡辺洋三著『法というものの考え方』岩波新書、一九六一年

＊5――同上書

＊6――M・マープルス著、前掲書

＊7――G・M・トレヴェリアン著、前掲書

＊8――同上書

＊9――同上書

＊10――R・オウエン著、五島茂訳『オウエン自叙伝』岩波文庫、一九七九年
＊11――G・M・トレヴェリアン著、前掲書
＊12――M・マープルス著、前掲書
＊13――G・M・トレヴェリアン著、前掲書
＊14――E・ダニング著、前掲書
＊15――フレミング委員会報告、"The Public Schools and the General Educational System", 1942.
＊16――川北稔著『工業化の歴史的前提』岩波書店、一九八三年
＊17――同上書
＊18――同上書
＊19――同上書
＊20――G・M・トレヴェリアン著、前掲書
＊21――E・ダニング著、前掲書
＊22――同上書
＊23――川北稔著、前掲書
＊24――同上書
＊25――鈴木良徳著『アマチュアリズム二〇〇年』日本体育社、一九七四年

終章

具体から抽象へ

「呪術としてのボールころがし」から

フットボールの発展過程を概観すると、その変化は次ページの表のように大別できるのではないかと思われる。

古代の人びとが、W・B・ジョンソンがいうように、「祭器」である球型の物体を畑の上や森のなかをころがし、運んで作物の豊穣を祈ったということは、人びとが求め、望んでいる結果としての豊穣を、祈りの行為である「ボールころがし」が支配すると意識されていたことを意味し、日常の労働や生活も祈りが支配していたということを意味している。したがって、大人が遊びとして「ボールころがし」を行うことはなかったと考えられる。

たとえば寒川恒夫によれば、「タイ国北部の山岳地帯に住む Akha《アカ》 族の「ブランコ祭」では、この祭りが終わったあと、来年……まで儀礼ブランコを使用することは勿論、支柱に傷

フットボールの特質の変化

時代・社会	特質	性格
原始・未開社会	呪術	日常を支配
封建社会	競戯	半日常性，あるいは半非日常性
資本主義社会	競技	非日常性
未来社会	？	？

をつけることさえ禁止される。……子ども用のブランコもすべて片づけられ」たという。[*1] 岸野雄三も、セレベスの「雨乞い」、ジャバの「背中叩き」、エスキモーの「綱引き」、その他「凧上げ」「こままわし」「かけっこ」「レスリング」なども「大人がやる以上は、重要な儀式的意味があり、単なる娯楽ではない場合が多かった」と述べている。[*2]

このように祭儀として行われた行為を、それが形態上の類似性や近似性をもつという理由からスポーツの範疇に含めるのは現代人の恣意といってよく、祈りの行為とスポーツを同一視することは、スポーツ概念の不当な、あるいは不用意な拡大・延長ということもでき、これによってスポーツ概念の拡散や不透明さが生じており、早晩、これはその区別と連関を明瞭にしなければならない問題である。たとえば右に述べた「ボールころがし」の行為目標は明らかに「祈り」であって「遊技（戯）」ではなく、「祈り」と「遊技（戯）」を同一視することは、事の本質を見誤ると同時に、「祈り」の行為が「競戯」へと転換してくる契機や意味なども見失わせてしまう。スポーツや遊技（戯）を非歴史的な概念として無限に拡大、延長することは、研究方法の基本に反することといわなければならない。同時に、このような用語使用の混迷と、研究の「遅れ」も自覚されなければならないことである。

ともあれ、このような概念や用語使用上の慣例のため、本書においてもなお不鮮明な意味のままスポーツという用語を使用せざるをえなかったが、このような前提に立脚しつつ、呪術として行われた「ボールころがし」の特質を考えてみると、これが人びとの「日常を(その根底において)支配」していたことは明らかで、それはボールのころがし方やころがり方が天候の良し悪しや作物の出来・不出来と深く結びついていると信じられていたということであり、このことは、人びとが一方で自然や悪霊を深く恐れていたと同時に、他方で祈りによってこれらを彼らの望む方向に変化させることができると信じていたほどに自らの力を、また祈りという行為のもつ力を信じていたことでもあった。

しかし、人類は次第に自然や社会についての認識を深め、呪術的世界を脱出するが、それは呪術的行為とそれへの期待や結果との間に不信が生じたということであり、こうして祭儀は次第にその形骸化を深めていく。視点を換えていえば、それは祭儀における行為が「演技性」を強めていくということであり、このような「演技性」の強まりがさらに信仰の低下を招き、転じて演技そのものが楽しみの対象となり、演技としての評価が行われるようになってくる。仮面をつけ、扮装してボールをころがしたのは、それが呪術的「演技」であったことを示している。

と同時にそれは、呪術を装いながら、その内部に祈りや期待を内包させるという二重性をもつものでもあった。

このような演技に対する共感と共有は地域共同体の人びとの一体感を強めたが、また逆に一体感を強め、示すために呪術を装うものとして「祭りのフットボール」が行われ、それが現実の支配や不合理に対する「抗議のためのフットボール」に転換することもあった。共同体の住民にとって、このような一体感の共有と共感は欠くことのできない生存のための不可欠の条件であり、これの表出がフットボールによって行われたということは、それが単なる遊びではなく、人びとの日常の労働や生活の利害と深く結びついていたことを示している。「祭り」のメイン・イベントであろうとする限りにおいてそれは演技であり、非日常的性格のものであるといえるが、労働や生活の利害と結合する期待や要求の表出手段としてこれが行われる時、それは演技ではなく、目的的行為であり、現実的性格を帯びた。

このようにフットボールには、呪術として行われた「ボールころがし」から「祭りのフットボール」へと変化してくる過程にいくつかの重要な、民衆の参加による質的転換があったことを指摘することができ、それがフットボールを保存会へ送りこむのを防ぎ、後代への継承を可能にしたのである。このような質的転換は、「具体から抽象へ」「土着から普遍へ」「非秩序から秩序へ」、そして少し意味は異なるが「日常性から非日常性へ」「現実から非現実へ」という方向で進行した。

J・G・フレイザーは、「ヨーロッパの全地域にわたって、知られぬ太古から農民たちが年々ある定まった日に祝火を焚く」慣習があったと述べている。[*3]「日が暮れてから到るところの高所に大祝火」を焚き、それを炬火に移しもった者たちは「火を振りまわし、林檎の木、梨の木、桜ん坊の木の枝にそれを投げつけ」た。それは「福音書に記されている「悪しき種播き」を追い払うため」であった。

おそらく呪術として行われた「ボールころがし」も、炬火を「林檎の木、梨の木、桜ん坊の木」に投げつけたのと同じように、祈りをこめてじゃがいもの種を播いた畑、木の実のとれる森、魚のとれる川などに「祭器」である球型の物体をころがすのを儀式化したものであったと考えてよいであろう。しかし「祭りのフットボール」においてこのような「具体」は「抽象」化されて、「村の大通り」でボールを奪い合うものに変わっていた。またそのように変化していたがゆえに「大通り」のあるどの村でも行うことができた。

「ボールころがし」のボールが村のどこに安置され、どこから、どのようにころがし始められたのかということについては不明であるが、前述の「火祭り」についてフレイザーは、「ミュンスターラントでは、この復活祭の火がいつもきまった丘で焚かれ、そのためその場所は復活祭の山とか過越節の山など」と呼ばれていたと記しており[*4]、おそらく「ボールころがし」にもこのような「聖地」はあったであろうし、ゴールがそれであったと考えられなくもない。しかし「祭りのフットボール」ではすでに「水車場」や「粉ひき小屋」などのどこにでもある建造物に姿を変えており、ここにも「祈り」からの遊離を見ることができる。

このような「具体から抽象へ」という変化がどのような法則性をもつのか、またそれがどのような文化的・社会的条件の変化を基底にしているのかなどについては、なお今後の研究をまたなければならないが、それが先に述べた「土着から普遍へ」という方向性をもち、これが「ボールころがし」の後代への継承を可能にした主要な条件であったことは確かであろう。

このような変化がなければ、フットボールは確実に保存会へ送りこまれ、やがて消滅していたはずであり、事態がそのように進行しなかったのは、「ボールころがし」のもつ呪術的性格や地域的独自性などの「具体」が「抽象」へと脱皮していたからで、それを促したのは経済圏の拡大であり、「祭りのフットボール」から「空地のフットボール」や「校庭のフットボール」への変化の底流にあった条件もこれであった。

トム・ブラウンが生まれ育った「白馬ヶ渓」では、「片側にファリンドンに通ずる道が通っており、その道路に沿って小川が流れ、……その小川の上手」には牧場があり、「その真中を教会の境内から来た歩道が通じて」いるような「原っぱ」でフットボールが行われていた。[*5] これと同じような「原っぱ」＝「空地」を他の村々の人びとが求めたり、つくったりすることは不可能であり、したがってそれぞれの村で行われる「空地のフットボール」は、それぞれが独自性をもつものであった。このような「空地」のもつ「土着」性を破壊したのは「校庭」で、これのもつ「抽象」性がフットボールの普及を可能にし、それによってフットボールの「普遍」性も一段と高められた。

これらの「校庭」は芝生に被われていたが、わが国の多くの「校庭」やグラウンドは芝生でつくられておらず、そのため一九七九年五月にやってきたイングランド・ラグビー・チームは、「丁寧にしかし断固として、日本の普通のラグビー・グラウンドで試合をすることを拒否した」のである。これはイングランド・チームにおける「土着」とわが国の「土着」の間に相違があったことを示している。これに類似することは、一八九七（明治三〇）年、中馬庚の著した「野球」のなかにも見ることができる。彼はこの書物のなかのルール解説で、「走リ方ノミノ補欠（ピンチ・ランナーのこと）トハ卑怯千万ナリ。万已ムヲ得サレハ為スベカラス」と述べている。[*6] また「Bunt Hit ヲ為シテ……Foul Hit トナレル時」、これをストライクとするのは、バントが「最モ卑怯ナル打チ方ナルヲ以テ此制裁アルナリ」とも述べている。[*7] このようなルールの理解の仕方の背後に武士道精神の存在を読みとることもでき、一方の「土着」が他方の「土着」と遭遇する時——これを可能にしたのは「普遍」であるにもかかわらず——そこに異なる「自国内的解釈」が生じることを示している。そして、これと同じことはイギリス国内におけるフットボールの「受容」過程においても生じたはずである。このように限りなく、また常に存在する「具体」や「土着」や「非秩序」を、ルールを変え、技術を高め、組織を確立させながら、「抽象」と「普遍」と「秩序」の創出を繰り返してきたのがスポーツの発展史であった。

このような過程でフットボールは、そしておそらくはその他のスポーツ一般も、「祈り」から「遊技」へ、そして「競戯」から「競技」へと転換を遂げ、その性格も「日常性」から「半日常性、あるいは半非日常性」へ、そしてさらに「非日常性」へと変わったのであり、それはまた「現実性から非現実性へ」という変化でもあった。

「極限」へ、そして新たな試み

「冬季オリンピックをはじめ、(スキーのジャンプ競技の)ワールドカップや各国際大会では、入賞者はレース直後にレース・ウェアの通気性チェックを受けなければならない」と決められている。それは「一万分の一気圧のもとで、一秒間に一平方メートルあたり五〇リットルの空気を通さなければいけない」というＦＩＳ(国際スキー連盟)の「ウェア規定」があるからである。[*8] 今日のスキーは、その「抽象」性をこのような水準にまで高めており、半世紀前の、普通の服装で滑っていた「土着」的スキーからは程遠い非日常的性格のスポーツとなっている。しかしそれはスキーだけにあらわれていることではなく、一〇〇分の一秒が勝敗を決め、それが賞金や大学進学や職業選択などにおける有利・不利を決めている多くのスポーツにもあらわれている。

アマチュアリズムは、アマチュア・ルールとして具体化し、その社会的な機能を発揮することによって、日常的で現実的な物質的利益への要求とスポーツとを切り離し、スポーツを非日常、非現実の高みにおける「競争」に限定した。それは、スポーツによって物質的利益を得ようなどとは考えない、あるいは考える必要もない人たちの「社交」であった。

しかし、このように限定された時代と社会における「具体」は、社会の様相が変化するなかで次第に過去の限定を失い、さらに一段と「抽象」化され「普遍」化して、より多くの人びとに適用、共有されるものとなっていった。ブロークンタイム・ペイメントの実施、「非」白人のスポーツ参加、オープン制の拡大などは、かつてのアマチュアリズムの創出者たちには予想もされていなかったことであり、「社交」の範囲で行われていた「競争」は、やがて身分や地位に拘束されない自由な競争へと脱皮し、それの拡大、激化を続けるものへと変化していった。

しかしこのような競争は、歴史的に見れば、資本主義の時代と社会だけの現象であり、これ以前にも、これ以後にもありえないことといってよい。それぞれの時代と社会には、それに応じた、したがって一定の時代制約性をもつ「具体」と「抽象」があり、また「土着」から「普遍」への歩みがある。したがってこれがその時代と社会のなかで極限に達した時、それは進歩を止めるか、頽廃の道を歩み始めるかし、やがて来るべき新しい文化にその道をゆずる。わが国の蹴鞠《けまり》は前者の例であり、古代ローマのコロシアムで行われた剣闘士の闘技は後者の例といえよう。オリンピックやアメリカン・フットボールや甲子園の高校野球は、一体どのような道を選ぶのであろうか。

スキーのレース・ウェアに関する規定や一〇〇分の一秒単位による競技結果の測定は、今日のスポーツが近代文化としての極限に近づいていることを示している。なぜなら、たとえば競技結果の測定を一、〇〇〇分の一秒単位で測定する必要があろうかと考えてみると、今日の一〇〇分の一秒単位という指標は明らかにひとつの限界を示しているということができる。これ以上の測定単位による競争の無意味さは明らかだからである。このことは今日の、ひとつの「具体」の特徴を示すものであると同時に、これを越えて、またこれの延長線上でさらに「抽象」化し、「非現実」の程度を高めることの不必要性、あるいは無意味さを示している。言い換えればトップレベルのプレイヤーでない一般人としてのわれわれは、もはや次代に送るこれ以上の「普遍」を創出しえないということであり、その必要性を感じることもないということである。今日、多くのスポーツはこのような現代的限界に向かって突き進み、政治や経済もこれを支援している。またスポーツ産業も、これに協力するスポーツ科学者もひたすら人間の能力の限界に向かって力を結集し、その成果を「スポーツ人間」に適用している。

だが一方で、このような発展方向からの離脱現象もすでにあらわれ始めており、「いろいろなスポーツをする同好会」やいわゆる「ニュースポーツ」（フリスビーやハング・グライダーなどを指す――これらのほとんどが個人種目であることも特徴的である）愛好者などが急増している。また勝敗を超越して自らの美意識を満足させるゲームの展開を目ざす実践や、出発前に申告した予想タイムと実際のゴール・インのタイムとの誤差を争うマラソンも行われている。これらを次代に送る新しい「抽象」や「普遍」ということはできないかもしれないが、現代スポーツを近代とは異なる発展方向に向けようとするひとつの試みや動向であるのかもしれないと見ることもできなくはない。

内田義彦は、文学における価値観の変化は「美意識の変化という形であらわれてくる」と述べている。[*9]

現代スポーツの核心である競争をどのように克服していくかというのは重要な課題であるが、しかしそれが「美意識の変化」という方向での「抽象」や「普遍」を進めていくものであるのかどうかを断言することは、今はできない。しかし、スポーツが変化していくものである以上、その兆候はあらわれるはずであるし、今それがあらわれているかもしれない。それを捉えることが現代の課題であることは確かである。

一体、スポーツにおける「具体から抽象へ」、あるいは「土着から普遍へ」という変化は、歴史のなかでどのようにあらわれ、発展したのであろうか。競争の渦中にある現代人が、より人間らしいスポーツの創造に向かって歩み出す方向は、このような課題の解明のなかから得られるように思うのである。

注

＊1――寒川恒夫「スポーツの民族学的アプローチ」（『スポーツの文化論的探究』所収、タイムス、一九八一年）
＊2――岸野雄三著『体育の文化史』不昧堂、一九五九年
＊3――J・G・フレイザー著、永橋卓介訳『金枝篇㈣』岩波文庫、一九七八年
＊4――同上書
＊5――T・ヒューズ著、前掲書
＊6――中馬庚著「野球」（『明治文化資料叢書㈩』所収、一九七二年）
＊7――同上書
＊8――“Number”, Vol. 1, No.1
＊9――内田義彦著『作品としての社会科学』岩波書店、一九八三年

あとがき

フットボール・ルールの一項目としてオフサイド・ルールが登場したという視角からフットボールを、またこのスポーツを楽しんだ人びとや、彼らの住んだ社会や文化を眺めてみると、一体それらはどのように見えてくるのか。これが本書執筆の主要な動機であった。

またそれは、なぜ卵型のボールを用い、なぜゴールをH字型にし、なぜコーナーに小旗をたて、なぜオフサイド・ルールを設けたのかなどなどの、子どもたちがフットボールに対してもつ素朴でありながら、しかし難解な疑問にどう答えるかという、現場教師特有の「明日の授業に役立つ」知識がほしいという実用主義的要求にも根ざしていた。そういう意味で本書は、体育実践と深い関係のある教材学、あるいは教科内容学の範疇から大きく離れるものではないし、むしろそのごく一部を掘り下げてみたものでしかないとも思っている。言い換えれば、それほどにこれまでの教材学（論）や教科内容学（論）は内容が乏しく、少なくとも体育教師がもっている、子どもたちに豊かな内容を教えたいという要求に答えるものではなかったということができる。

わが国の体育実践に対する一般的な認識は、子どもたちに遊びやスポーツの技能をコーチし、彼らの体力を高め、仲よしグループを育てることであるという、極めて経験主義的な教科成立論に、それとはっきり自覚することも乏しいまま立脚している。このような考え方に立脚すれば、体育教師はコーチャーやトレーナーであっても、ティーチャーではないということになる。

一体、学校体育という教科は、このように運動が「できる」とか「できない」とか、あるいは「うまい」とか「へた」とかいうことと深く結びついていなければならないものであるのだろうか。体育とスポーツは同じでないし、学校体育はオリンピック選手を育てるところでも、ミスター・ユニバースのような「からだづくり」をするところでもなく、人間が、その歴史のなかで、どのような運動文化を創り出し、それをどのように発展させてきたのか、その背景にどのような文化的・社会的条件があったのか、あるいは「うまくなる」とか「強くなる」とかいうのは、運動をどのように行うことで、それはからだの動きがどのように調整されることであるのかなどということを総合的に教え、また学ぶところではないのだろうか。それは「うまくなる」ことを目的にスポーツをしたり、からだを「強くする」ために鍛えたりすることと区別されるべきことではないのだろうか(より詳しくは拙著、『体育実践の見かた考え方』参照)。

学校体育をこのようなものであると考えると、その現状はあまりにも教えるべき内容が貧困であることに気付かざるをえない。序章にも記したように、われわれは陸上競技の三段跳びがなぜ五段跳びや多段跳びではなく「三段」跳びであるのかという理由を知らないし、トラックが四〇〇メートルである理由も、それを、いつ、誰が決めたのかということについても学んだことがない。嘉納治五郎が柔術を柔道に変えた理由をわかりやすく教える自信もなければ、わが国が野球王国のような観を呈している理由を説明することもできない。教えるべき内容が体系化されていないという以前に、あまりにも多くのことがわかっていないということに気付かざるをえないのである。そうであるがゆえに、多くの体育教師が体育実践よりもクラブ活動の指導の方に「生き甲斐」を見出さざるをえないという実情も生んでいる。

数多くのルールがあるなかでオフサイド・ルールを選んだのは、たしかにこれが、既述のように、どう考えても不合理に思われたということもあるが、それ以上に、子どもたちに教える内容を少しでも豊かにしたいという気持ちが先行していたのであり、「スポーツ・ルール学」などということを唱えはじめたのも、もとはといえばスポーツのルールに対する子どもたちの疑問にできるだけ正確に答えてやりたいと考えたからである。こうした研究成果の蓄積がやがて学校体育という教科の性格を変え、多くの体育教師をコーチャーからティーチャーへと復帰させ、それに「生き甲斐」を感じるようになっていくのではないかと思うのである。

一九八〇年の第三一回日本体育学会で「スポーツ・ルール学」が成立すると報告してから四年が過ぎた。この間、多くの方々からいろいろな御教示をいただいたことに感謝するとともに、本書についても厳しい御批判のいただけることを期待し、さらに同学の研究者が増え、スポーツのルールについて多面的な研究が一層進むことを心から期待したい。

一九八五年七月

著者

平凡社ライブラリー版 あとがき

スポーツは人間が行うものであるから、この人間がものごとの考え方や行動の仕方を変えると、スポーツも変わる。その過程や特徴を知るにはルールの変化を見るのがよく、その背後には、大抵、時代と社会の変化がある。

かつて大相撲には立ち合いの時間を制限するルールがなく、力士たちは気が合うまで何度でも仕切りなおしをしていた。時間がゆっくりと流れていたからである。しかし時代が昭和になり、ラジオで実況放送が行われるようになると、幕内一〇分、十両七分、幕下五分と仕切り時間が決められる。通信手段の発達が新しいルールをつくらせたのである。交通機関の発達も人びとの時間感覚を変え、東海道を特急列車が走るようになると、仕切り時間はもっと短く、幕内四分、十両三分、幕下二分になる。このようにルールが生まれたり、変わったりする背後には、必ずといってよいほど時代や社会の変化があり——とくに技術革新の影響が大きい——、それが人びとのものごとの考え方や行動の仕方を変え、ルール変更へと反映していく。

　本書の表題は、筆者が高校の体育教師だった頃、生徒が行った質問そのものであり、旧著『メンバーチェンジの思想』（平凡社ライブラリー、一九九四年）に収めた「楕円形のラグビー・ボール」「「ライン」の周辺」も同様で、このような疑問は誰でも一度はもったことがあるはずで、それに応えようと多くの教師が鉄棒、跳び箱、徒競走、ドッジボール、サッカーなどの歴史や指導内容などを調べたこともわかっている。しかしそのほとんどが、いわゆる「教材研究」の範囲や水準を越えず、語学力と法学の基礎教養の欠如が原因であった。たとえばわれわれはしばしば「サッカーのルール」というが、サッカーの母国イギリスでこれは“Laws of Football”であり、われわれはこのルールとローズという用語の区別が不鮮明なため、ルールではなくローズを用いた理由がわからないし、これがわからなければならないということもわからず、しかも、このような研究の「壁」を自力で突破するのは非常にむずかしい。おそらくこれまでにも数え切れないほど多くの子どもたちが「オフサイドはなぜ反則か」「ラグビー・ボールはなぜ楕円形か」「テニスの得点はなぜ〇《ラヴ》、一五、三〇、四〇か」などと問い、それと同じくらい多くの教師や指導者たちがこれに応えようとしたであろうが、そのほとんどがこの「壁」に遮られて満足な答えに到達できなかった。その原因は明らかにこの「壁」であり、もう一つは体育とスポーツの区別が不明瞭ということであった。今これについて詳述している余裕はないが、体育という教科の授業が、小学校から大学まで、「レベルの低い部活のようなもの」である限り、社会のなかの人間とスポーツの関係、その特徴や変化などについて学ぶことはないといってよい。

オフサイド・ルールについて調べるのは、前記のように生徒の質問を契機にしていたが、本書の執筆にあたって考えたのは、この質問に答えながら、同時に、このルールを成立、普及させた近代イギリスの人と社会に関する認識を深めたいということであった。別言すれば、僅か一カ条のルールでありながら、これの成立、普及の背後に近代イギリス社会を観ることができるということを試みたかったのである。しかしこの相互関係の明示には都市文化による伝統文化の支配という地方史的考察が不可欠で、これの不足から「羊頭を懸げて狗肉を売る」結果になった。

幸運にもこのたび平凡社ライブラリーに加えていただくことになり、「長時間享受と一点先取」という一篇を加え、冗長、不要と思う箇所を削除、修正したので狗肉が少し減ったのではないかと思っている。

一九九三年にJリーグが発足し、サッカー人気は上昇中のように見えるが、果たしてこれを実像と見てよいのかという問題がある。その理由のひとつはアイスホッケー、バレーボール、陸上競技などを見ればわかるように、わが国の人びとは当事者が期待するほどにはスポーツになじまず、深入りしないということで、これを克服したのは野球、相撲、ラジオ体操、運動会だけかも知れず、これが示している教訓は、サッカーが「できる、わかる、好き」という人を増やすことであろう。本書がこのような期待に役立つことがあれば望外の歓びで、その機会を与えて下さった関口秀紀氏、二宮善宏氏に心からお礼を申し上げなければならない。

本書を契機にいろいろなスポーツのルールについて「なぜ」と問うことが普通になり、その答えを追求する同学者が増え、成果が数多く提示されるようになることを心から期待したい。

二〇〇一年夏

著者

解説——「競争」を超えて

高津 勝

(1)

スポーツは約束事の世界である。当事者たちの合意によって成立した約束事、すなわちルールなくして、スポーツは存在しない。するにしろ、見るにしろ、わたしたちは、それぞれの種目を律するルールを承認したうえでプレーの世界に入り込み、スポーツを楽しんでいる。では、スポーツのルールについて、わたしたちはどれほどのことを知っているのだろうか。

たしかに、サッカーやラグビーの愛好者ともなれば、どのプレーヤーがオフサイドの位置にあり、どのようなときにオフサイド・ルールが適用されるのか、熟知している。けれども、「オフサイドはなぜ反則か」と問われたとき、「待ち伏せは卑怯であり、フェアーでない」とか、「得点が入りすぎるとゲームがだらけてしまい、緊迫感がなくなる」といった返答しかできないのが通例であろう。このルールの歴史的性格や、当時の人々がそこに込めた社会的な意味内容について、説得的な回答を用意することは難しい。

スポーツは、理屈ではなく、感覚やからだで覚えることを重視する。そのような「本性」に由来するのだろうか。わたしたちのスポーツ経験のなかに歴史・社会的な観点から「なぜ」を問う機会はほとんど存在せず、初心者や門外漢の場合を除いて、「ボールより前方にいるプレーヤーになぜパスをしていけないのか」といった疑問は成り立ちにくい。経験を積み、技能や認識が深まるにつれて、そのような疑問から遠ざかっていくのである。あるスポーツがうまくなること、あるいは、そのスポーツに精通することと、スポーツに対して根源的な問いをすることとは、かならずしも同時随伴の関係にない。だとすれば、わたしたちは、本当にスポーツのことを知ることができるのだろうか。そもそも、スポーツを知るとは、どういうことか。

(2)

中村敏雄の『増補オフサイドはなぜ反則か』は、サッカーやラグビーの母体となったイギリスのフットボールの歴史をたどりながら、どのようにしてオフサイド・ルールがこの競技のなかに登場し、定着していったのか、その過程を詳しく検証している。では、中村はなぜ、オフサイド・ルールを考察の対象に選んだのだろうか。その理由は、得点の多さを競い合うボール・ゲームであるはずのサッカーやラグビーに、それを制約する措置、すなわち、前方へのパスを制限ないし禁止するルールがあり、しかも、それがゲームを特徴づけるほどの重要な役割を果たしていることにある。サッカーやラグビーは、得点を競う競技でありながら、なぜその多さを競うことに制限を設けるのか。フットボールを愛好した多くの人々は、なぜ不合理かつ奇妙ともいえるルールを生み出し、認め、支持してきたのか。そのようなルールの存在は、もともと、その原型をなすフットボールが得点の多さを競うことを目的とするものではなかったからではないのか。以上のような推論をふまえて、中村はオフサイド・ルールの成立・定着とその背景にある社会や生活、当時の人々の考え方との関係を考察し、次のような結論を導き出すのである。

前近代のマス・フットボールは村や町の全域を競技場にして行なわれた「祭り」のメイン・イベントであり、どちらかのチームがゴールへボールを持ち込めば、それで競技が終了する一点先取のゲームであった。この競技では勝敗を決するより「祭り」を楽しむことが重視され、短時間で終わることのないよう注意が払われていたが、支配者による禁止措置や制限を受け、やがて「空地」で開催されるようになり、さらに「校庭」のフットボールへと移っていった。

「校庭」のフットボールは、十八世紀中葉から十九世紀中葉にかけ、ほぼ一世紀にわたり、それぞれのパブリックスクールで独自性を保ちつつ行なわれた。「校庭」の競技場はそれまで以上にはっきり区画され、規模も縮小されたため、競技者や見物人を含むすべての人が常にプレーを俯瞰することができた。やがて、人々はゴールの瞬間や勝敗の帰趨に期待を寄せるようになり、ボールをゴールに運び込むための密集戦や突進といった組織的プレーに関心が高まり、フットボールは、「祭り」から「競技」へと変化していく。そうしたなか、「祭り」のフットボールと同じように長時間続けること、また得点が容易に得られず、それによってフットボールの醍醐味である密集と突進が満喫できることが求められた。「「こそ泥のように」「ぶらぶら」と「意図的」に「チームを〈離れた〉位置」でプレー」し、得点のために手段を選ばない「勝利志向的な――したがって競技を早く終了させる――行為」（本書二四二頁）は、フットボールの醍醐味を破壊する「汚い」プレーとして指弾ないし禁止されるようになる。オフサイド・ルールの登場である。

十九世紀後半、統括団体の結成と統一ルール制定をめぐる抗争を介して「校庭」のフットボールは二つに分化し、サッカーとラグビーが成立する。この新しい競技は、すべての参加者に積極的な競い合いを求めるだけでなく、そのルールを承認し、統括団体の決定に従うかぎり、いつでも、どこでも、だれとでも自由に競争することのできる普遍的な形式を具備していた。ここに至ってスポーツは、「社交」の範囲の競争から、身分・地位にとらわれない自由にして「平等」な競争へと転化し、競争の規模を拡大・激化させていくのである。

（3）

中世と近代初期の民衆のフットボールについては、権力者と民衆が周期的に主導権を争う儀礼的行事であり、組織化の度合いは今日よりはるかに自由であるが無秩序ではなく、そこには共同の自制、すなわち「自律的な農民デモクラシー」が存在した、という指摘がある（N・エリアス、E・ダニング／大平章訳『スポーツと文明化――興奮の探求』法政大学出版局、一九九五年）。

社会史家・マーカムソンは、フットボールを含む民衆の身体競技を、祝祭や定期市の行事として制度化された慣習的権利として位置づけ、娯楽の拠点であるとともに、共同体の「しるし」、民衆が立て籠もる砦、対抗のための規範的武器、権力を制限し譲歩を勝ちとるための方法としても機能したとし、加えて、そのような競技は一七七〇年代以降、上流階級の非難と攻撃の的になり、オープン・スペースの喪失や中間階級の指導する「合理的レクリエーション」運動と重なり合って十九世紀の半ば以降に衰退し、第一次大戦期には消滅したとしている（R・W・マーカムソン／川島昭夫ほか訳『英国社会の民衆娯楽』平凡社、一九九三年）。

サッカーとラグビーについては、イングランド全土に存在した多様なフットボールを組織統一したものではなく、一方はロンドンの学校で、他方はラグビー校で発達したルールを体系的に調整したものである、という指摘もある（F・P・マグーン・Jr.／忍足欣四郎訳『フットボールの社会史』岩波新書、一九八五年）。

以上から明らかなように、わたしたちの眼前にあるスポーツと先行する民衆競技との間には、明確な不連続面、いや「切断」の事実が存在する。そのような論点をふまえた場合、中村敏雄の『増補オフサイドはなぜ反則か』は、オフサイド・ルールの成立事情を歴史的に考察することにより、スポーツ史の切断面に磨きをかけることに成功している、といえるだろう。だが、本書の主題は、歴史的叙述にあるのではない。むしろ、その作業をとおしてスポーツに根源的な問いを投げかけ、未来を見定めようとする点にあるのである。スポーツをスポーツたらしめるための基本的要件はルールにあり、その歴史性を究明すること。中村敏雄にとって、その作業の今日的意義は、スポーツと「競争」の関係に思いをめぐらすことにあった。スポーツは競争を拡大し、激化させる方向へ進化し、ルールはそれを保証してきたのではなかったか。競争の渦中にある現代人にとって、そのようなスポーツは、より人間らしい文化たりうるのか。競争を抑制するすべはあるのか。創始者たちは、なぜ、得点の多さを競い合うことで雌雄を決しようとする競技のなかに、勝敗の決着を引き延ばすようなオフサイド・ルールを導入したのか……。

（こうづ　まさる／一橋大学教授）

平凡社ライブラリー　415

増補《ぞうほ》 オフサイドはなぜ反則《はんそく》か

発行日…………2001年11月9日　初版第1刷
2024年9月12日　初版第3刷
著者……………中村敏雄
発行者…………下中順平
発行所…………株式会社平凡社
〒101-0051　東京都千代田区神田神保町3-29
電話　東京(03)3230-6579[編集]
東京(03)3230-6573[営業]
振替　00180-0-29639
印刷・製本………藤原印刷株式会社
装幀……………中垣信夫

ISBN978-4-582-76415-4
NDC分類番号783.4
B6変型判(16.0cm)　総ページ300

平凡社ホームページ　https://www.heibonsha.co.jp/

川北稔著
洒落者たちのイギリス史
騎士の国から紳士の国へ

身分ではなく富が社会的地位の基準となったのはいつ、どのようにしてなのか？　ファッションという日常・具体的な視点から近代英国社会の全体像を浮き彫りにする。

解説＝指昭博

角山榮・川北稔編
路地裏の大英帝国
イギリス都市生活史

19世紀、イギリスでは工業化に伴う都市化により人々の生活も大きく変貌した。パン・紅茶・病気・レジャー・パブなど、日常から見る19世紀英国生活社会史。

解説＝富山太佳夫

春山行夫著
紅茶の文化史

詩人・エンサイクロペディスト春山行夫が、紅茶の世界史・日本史はもちろん、アフタヌーン・ティーの心得、ティーカップの目利きまで語りつくす、面白くてためになる紅茶のすべて。

解説＝磯淵猛

越智敏之著
増補　魚で始まる世界史
ニシンとタラとヨーロッパ

かつて西洋では一年の半分を魚を食べて過ごしていた。その巨大な需要は大航海時代を誕生させ、やがて都市の興隆と自由・独立の精神をもたらす。目から鱗の魚で辿る世界史！

バート・S・ホール著／市場泰男訳
火器の誕生とヨーロッパの戦争

戦争の様相を一変させた火器だが、14世紀の誕生から戦争の主役となるまでには300年を要した。兵士の生活や国家財政などさまざまな背景を織り交ぜて辿る戦略・戦術、軍組織の歴史。

HL版解説＝鈴木直志

ジョン・エリス著／越智道雄訳

機関銃の社会史

発明当初、アフリカ・アジアの植民地の拡大に使用された機関銃は、第一次世界大戦ではより強力な武器として世界史を変えた。軍事技術と社会のかかわりを鋭く追究した名著。

ヘンリー・ペトロスキー著／忠平美幸訳

フォークの歯はなぜ四本になったか

実用品の進化論

実用品はなぜこんな形に進化してきたのか？——それはそこに不具合があったから。身近なモノや道具の新たな形・用途は失敗から生まれてきた。デザイナーたちも注目するヒント満載！

E・W・サイード著／板垣雄三・杉田英明監修／今沢紀子訳

オリエンタリズム 上・下

ヨーロッパのオリエントに対するものの見方・考え方に連綿と受け継がれてきた思考様式——その構造と機能を分析するとともに、厳しく批判した問題提起の書。

解説＝杉田英明

ポール・ラファルグ著／田淵晉也訳

怠ける権利

「労働」の神格化をあざけり倒し、「1日最長3時間労働」を提唱。120年以上も前にマルクスの娘婿が発した批判の矢が、〈今〉を深々と射抜く。「売られた食欲」等収録。プレカリアートも必読！

バートランド・ラッセル著／堀秀彦・柿村峻訳

怠惰への讃歌

労働生産性が向上して同じだけ働けば過剰生産と失業が生まれる。ではどうすれば？　働かなければいいんです！　七十余年前のエッセイが今こそ胸におちる。

解説＝塩野谷祐一

フェリックス・ガタリ著／杉村昌昭訳
三つのエコロジー

浅はかなエコ志向が孕む構造的問題を鋭く突き、エコロジー思想には環境、社会、精神の三つが必要だと説く。これら三領域は、美的・倫理的な新たな知＝エコゾフィーに属するだろう。
解説＝マサオ・ミヨシ

R・カーソン著／上遠恵子訳
海辺
生命のふるさと

海はすべての生命の原点と考えたレイチェル・カーソン、不朽の名著。精緻なイラスト満載。〈自然・環境〉コーナー必備！

ヘンリー・D・ソロー著／齊藤昇訳
コッド岬
浜辺の散策

作家ソローはコッド岬を旅しながら、荒々しくも美しい海と、そこで生き抜く人々の営みに人間と自然との共生を見る。独特の感覚と静謐な情景描写が光る旅行記の待望の新訳。
【HLオリジナル版】

ジョーン・W・スコット著／荻野美穂訳
30周年版 ジェンダーと歴史学

「ジェンダー」を歴史学の批判的分析概念として初めて提起し、周辺化されていた女性の歴史に光をあて、歴史記述に革命的転回を起こした記念碑的名著。30周年改訂新版。

W・ブレイク著／土居光知訳
ブレイク詩集

想像力によって神話的ビジョンの世界をうたったイギリスの幻視家・詩人の代表作三編、『無心の歌』『経験の歌』『天国と地獄との結婚』を古典的名訳でおくる。
解説＝吉村正和

D・H・ロレンス著／武藤浩史編訳

D・H・ロレンス幻視譚集

SF、幽霊譚、不条理譚に詩——様々に綴られた、社会的制約から逃れ、自由を求める人々の物語。解放感とユーモア、圧倒的自然描写など、ロレンスの魅力溢れる傑作集。【HLオリジナル版】

J・ジョイス＋W・B・イェイツほか著／下楠昌哉編訳

妖精・幽霊短編小説集

『ダブリナーズ』と異界の住人たち

ジョイス『ダブリナーズ』の短編を同時期に書かれた妖精・幽霊短編作品と併読するアンソロジー。19世紀末から20世紀初頭、人々が肌で感じていた超自然的世界が立ち現れる！【HLオリジナル版】

ジョージ・サルマナザール著／原田範行訳

フォルモサ 台湾と日本の地理歴史

自称台湾人の詐欺師による詳細な台湾・日本紹介。すべて架空の創作ながら知識層に広く読まれ、18世紀欧州の極東認識やあの『ガリヴァー旅行記』にも影響を与えた世紀の奇書。【HLオリジナル版】

ハラルト・シュテュンプケ著／日高敏隆・羽田節子訳

鼻行類

新しく発見された哺乳類の構造と生活

南太平洋のハイアイアイ諸島で発見された鼻で歩く謎の哺乳類。その驚くべき生態を緻密な図とともに紹介。世界の動物学者に衝撃を与えた世紀の奇書。解説＝垂水雄二

ヤロスラフ・オルシャ・jr.編／平野清美編訳

チェコSF短編小説集

激動のチェコで育まれてきたSF。ハクスリー、オーウェル以前に私家版で出版されたディストピア小説から、バラードやブラッドベリにインスパイアされた作品まで、本邦初訳の傑作11編。【HLオリジナル版】解題＝イヴァン・アダモヴィッチ

ヤロスラフ・オルシャ・jr.＋ズデニェク・ランパス編
平野清美編訳
チェコSF短編小説集 2
カレル・チャペック賞の作家たち

ペレストロイカの自由な風のもと、ファンの熱い想いから創設された「カレル・チャペック賞」。アシモフもディックも知らぬまま書かれた、その応募作を中心とする独創的な13編。

【HLオリジナル版】解説＝ズデニェク・ランパス＋ヤン・ヴァニェク・jr.

エドマンド・バーク著／大河内昌訳
崇高と美の起源

巨大で危険な対象がもたらす感動「崇高」が苦／恐怖を喚起し、「美」が快を生ずると論じ、ロマン派への道を拓いた美学史上に残る不朽の名著、待望のコンパクト版。

解説＝井奥陽子

セーレン・キルケゴール著／村上恭一訳
新訳 不安の概念

個体的存在としての人間を定位するとき、罪、自由、信仰が不安の概念のうちに結びつく。ハイデガー、実存主義哲学に大きな影響を与えた思考の、デンマーク語原典からの新訳。

【HLオリジナル版】

アンリ・ベルクソン＋ジークムント・フロイト著／原章二訳
笑い／不気味なもの
付：ジリボン「不気味な笑い」

『笑い』と『不気味なもの』は「反復」といった同じ現象を対象にして出会いかつ分岐する。その二つの論考を並列させると、新たな読み・新たな思考が召喚される。ジリボン「不気味な笑い」を付す。

ヴィルヘルム・イェンゼン＋ジークムント・フロイト著
種村季弘訳
グラディーヴァ／妄想と夢

ポンペイを舞台に若き考古学者が彷徨する幻想小説と、それを題材にフロイトが展開した精神分析的文芸批評が織りなすデュエット。

巻末論考＝森元庸介